Bibliodrama

Antje Kiehn, Samuel Laeuchli,
Heidemarie Langer, Gerhard Marcel Martin,
Ruth Passauer, Tim Schramm,
Yorick Spiegel, Wolfgang Teichert

BIBLIODRAMA

Kreuz Verlag

CIP-Kurztitelaufnahme der Deutschen Bibliothek

Bibliodrama / Antje Kiehn . . . . . 1. Aufl. Stuttgart:
Kreuz Verlag, 1987
ISBN 3-7831-848-9
NE: Kiehn, Antje (Mitverf.)

© by Dieter Breitsohl AG
Literarische Agentur Zürich 1987
Alle deutschsprachigen Rechte
beim Kreuz Verlag Stuttgart
1. Auflage
Kreuz Verlag Stuttgart 1987
Umschlaggestaltung: HF Ottmann
Gesamtherstellung: Clausen & Bosse, Leck
ISBN 3 7831 0848 9

Inhalt

Wolfgang Teichert
Einleitung 7

Samuel Laeuchli
Abraham und Isaak
Einführung in eine mimetische Bewältigung 16

Gerhard Marcel Martin
Bibliodrama – ein Modell wird besichtigt 44

Heidemarie Langer
Bibliodrama als Prozeß 65

Antje Kiehn
Die »großen Augenblicke«
Transzendenzerfahrungen im Bibliodrama 91

Tim Schramm
Bibliodrama und Exegese 116

Ruth Passauer
Bibliodrama und Seelsorge 136

Yorick Spiegel
Bibliodrama als Hagiodrama 141

Anmerkungen 155

Wolfgang Teichert
Einleitung

Aus einem Weihnachtsspiel vom Ende des zwölften Jahrhunderts ist ein einziges kleines Manuskript erhalten. Erich Auerbach hat es in seinem 1946 erschienenen Buch »Mimesis« zum Abdruck gebracht. Er interpretiert dies Spiel als eine Möglichkeit der Teilhabe an Wirkung und Inhalt der Heiligen Schrift, »denn Teilhaben, nicht ein rein rationales Verständnis ist das, was sie geben will«[1]. Das mittelalterliche Spiel breitet einladend die Hände aus, um die Ungebildeten und Einfachen aufzunehmen und sie vom Konkreten, Alltäglichen zum Verborgenen und Wahren zu führen. Die Szenen des mittelalterlichen Spiels, in denen alltäglich-zeitgenössisches Leben hervortritt, sind eingefaßt in einen biblisch-weltgeschichtlichen Rahmen. Der Geist dieses Rahmens durchdringt sie. Es herrscht sozusagen eine figurale Geschichts- und Lebensdeutung: »Das besagt, daß jedes Geschehen in all seiner alltäglichen Wirklichkeit zugleich Glied ist in einem weltgeschichtlichen Zusammenhang, wobei alle Glieder aufeinander Bezug haben, und somit auch als jederzeitlich oder überzeitlich aufzufassen sind.«[2]

Das »Bibliodrama« von heute ist im Grunde nicht anders, als Auerbach es für das 12. Jahrhundert beschreibt. Es ist in all seinen Formen ebenfalls der Versuch, den in symbolischer Sprache und in symbolischen Bildern Ungebildeten, Einfachen und Erfahrungslosen mit Hilfe der seit Jahrhunderten bekannten »Spielregeln« neuen Zugang zu Wirkung und Energie der in den symbolischen Bildern aufbewahrten Kräfte zu verschaffen. Dabei besteht die Hoffnung, daß der »Rahmen« der biblischen Geschichte die Farben der eigenen Biographie, aber auch der eigenen gesellschaftlichen Wirklichkeit (Ruth Passauer) deutlicher hervortreten läßt. Mehr noch; daß der Rahmen sie durchdringt und wärmt. Denn in dem großen Drama von Schöpfung und Apokalypse, von Inkarnation und Wiederkunft sind alle Ereignisse des Weltgeschehens grundsätzlich mitenthalten; alle Höhen- und Tiefenlagen menschlichen Verhaltens sowie alle Höhen- und Tiefenlagen seines seelischen und stilistischen Ausdrucks. Sie haben in diesem durch das »Bibliodrama« aktualisierten Rahmen ihre moralisch wie ästhetisch wohlbegründete Daseinsberechtigung. Es besteht kein Grund, das Erhabene vom Niedrig-Alltäglichen, das Private vom Öffentlichen, das Dunkle vom Hellen zu trennen, denn sie sind ja schon, zum Beispiel, in Christi Leben und Leiden unlösbar verbunden. Es besteht dann letztlich auch kein Grund für eine Bemühung um die Einheit des Ortes, der Zeit oder der Handlung, denn es gibt nur einen Ort: die Welt; nur eine Zeit: das Jetzt, welches »von Anbeginn jederzeitlich ist«; und eine einzige Handlung: Fall und Erlösung des Menschen und der Natur.

Das »Bibliodrama« also sucht in all seinen Formen, ob als Theater, als linguistische Analyse, als tiefenpsychologische Gruppe, als mimetisches Spiel (Samuel Laeuchli) zu ergründen, was es bedeutet, wenn man menschliche Handlungen im Rahmen biblischer Bilder von Schöpfung, Exodus, Prophetie, Apokalypse, Sündenfall, Passion und Jüngstem Gericht zu erleben und zu verstehen sucht. Und das bedeutet: »Bibliodrama« ist ein eminent theologisches Geschehen, weil es eine Integration der verschiedenen Ansätze sucht und weil es zu einer Begegnung mit jener Macht führen kann, die in der jüdisch-christlichen Tradition mit »Gott« umschrieben wird. Dabei muß sofort betont werden, daß niemand, der »Bibliodramagruppen« veranstaltet oder daran teilnimmt, solche Begegnungen bewußt inszenieren kann. Sie dürfen auch nicht verwechselt werden mit den Erschütterungen, die eine persönliche Begegnung mit den Kräften des eigenen oder sogar des kollektiven Unbewußten bedeuten kann (vergleiche dazu den Aufsatz von Antje Kiehn). Denn sosehr das »Bibliodrama« von verschiedenen psychologischen Ansätzen beeinflußt ist, wie der Themenzentrierten Interaktion (TZI), der kasualen Psychologie Freuds oder der finalen Jungs, sosehr auch eine strukturalistische Interpretation (G. M. Martin) versucht wird und sosehr eine an bioenergetische Modelle angelehnte Körperarbeit bevorzugt wird, keine der beschriebenen Richtungen kommt an der Frage vorbei, was denn die Seele transzendiert. Der Teilnehmer des »Bibliodrama«, aber auch die Leiter wären inmitten ihrer Angst den Kräften des Unbewußten hilflos ausgeliefert, solange sie nicht im Gegenüber einer absoluten Person ihre eigene Personalität und Freiheit zu riskieren vermöchten. Dies jedenfalls wäre das theologische Moment in all den verschiedenen Methoden und Ansätzen, die auf dem ersten nordeuropäischen Bibliodramatreffen in Bad Segeberg und jetzt in diesem Band vorgestellt werden. »Gott« also wird nicht als »Teil der Gesamtheit der menschlichen Psyche« verstanden, sondern für bibliodramatische Arbeit ist es unbedingt erforderlich, »jenseits des Meeres des Unbewußten an ein anderes Ufer zu glauben, an dem Gott auf uns wartet«[3].

Gleichwohl muß man sofort zugeben, daß diese Voraussetzung unter den Leitern des »Bibliodrama« noch kaum diskutiert worden ist. Sie soll hier auch nur die enorme Schwierigkeit betonen, die entsteht, wenn man sich mit den biblischen Bildern und Geschichten auf die Macht des Unbewußten einläßt. Mit dieser hochenergetischen Macht bekommt es jeder zu tun, der durch Spiel und Gestik die Ich-Kontrolle der Spieler für einige Zeit trübt oder sogar ausschaltet. Konnte man in der traditionellen Bibelstunde diese Macht des Unbewußten vielleicht verdrängen und deswegen ungebrochen an den guten Willen appellieren, so besteht die Gefahr im »Bibliodrama« und auch in den mimetischen Versuchen mit griechischen Mythen, daß man der Macht des Unbewußten erliegt. Darum, weil hier Gefahr lauert, ist es in den Mythen gerade der Stärkste und Beste des Volkes, nämlich der Held, der sich in Gefahr begibt. Darum auch bekommt die Christusgestalt in der Frühkirche ihre zentrale Bedeutung: es ist die Erinnerung daran, daß die Begegnung mit dem Unbewußten (Pharisäer und Versucher) ein schwieriges und gefährliches Unternehmen ist.

Wir machen jedoch im Bibliodrama immer wieder die verblüffende Erfahrung, daß von den »bösen« Personen und Mächten eine humanisierende Wirkung ausgeht, wenn man sie wahrzunehmen vermag und sie leben läßt.

Daß das Böse und Dunkle unvermeidlich ist, kann man an vielen Geschichten des Alten und Neuen Testamentes entdecken. Wann immer wir jedoch eine Geschichte gespielt haben, wo »böse« Gestalten auftraten – Kain, die Pharisäer, der reiche Mann –, wurde der Gruppe schnell deutlich, daß in eben diesen Gestalten die bewegende Kraft liegt, die einen Prozeß in Gang bringt. Das darf man nicht mißverstehen, als sei eine böse Gestalt notwendig, damit überhaupt etwas passiert. So ist es sicher nicht. Aber immer dann, wenn sie in unserer Arbeit auftrat, wurde es notwendig zu reagieren. Sie ruft Hilfskräfte auf den Plan, wenngleich die »offizielle« Hilfsfigur (zumeist die Jesusgestalt) überwiegend ohnmächtig und seltsam hilflos wirkte in den bibliodramatischen Spielen. Es liegt nahe, aus dieser Beobachtung eine metaphysische Theorie zu machen und von der Unausweichlichkeit des Bösen für die Selbsterkenntnis des Menschen zu sprechen. C. G. Jung hat denn auch in seinem Spätwerk konsequent versucht, das Böse sozusagen ins Gottesbild zu verlegen (Antwort auf Hiob). Das muß man dann tun, wenn man das Problem lösen will, welch »Böses« die Menschen ansehen oder tun müssen, um sich selbst zu finden.

In den neutestamentlichen Geschichten jedoch und sogar schon im Alten Testament (jahwistische Urgeschichte) ist das Problem, wie Menschen, die sich selbst gefunden haben, »Böses« tun können. Es geht also in diesen Geschichten weniger um »das Böse«, das im Unbewußten aktualisiert wird, damit man sich selbst erkennt und in gewisser Weise freier und liebender wird, sondern es geht um »das Böse«, das aus der Bewußtheit und der Freiheit folgt. Theologisch gesagt, geht es um die merkwürdig ohnmächtige Kraft, die mit der Christusgestalt symbolisiert und auf die ständig verwiesen wird. Vermag die Begegnung mit Jesus im bibliodramatischen Spiel Fenster in den Mauern des Ich zu öffnen, so bedeutet der Verweis auf »Gott« darüber hinaus, daß an Fenster gedacht ist, die sogar Ausblicke aus den Mauern des Unbewußten bieten.

Diese Überlegungen wollen besagen, daß der Vorwurf der

Psychologisierung biblischer Texte im Erleben und Arbeiten einer Bibliodramagruppe nicht gerechtfertigt sein muß. Eine Bibliodramaarbeit, die das historisch-kritische Wissen (vergleiche den Aufsatz von Tim Schramm) nicht übergeht, die bei aller »Identifikation« mit den Gestalten und Dingen biblischer Geschichte nicht die Distanz vergißt (eine biblische Geschichte ist zunächst einmal fremd und für andere Leute erzählt) und die sich um die Rücknahme von Projektionen bemüht, nachdem sie vorher kräftig Projektionen zugelassen hat, muß den Psychologisierungsvorwurf nicht fürchten. Denn sie stößt zwangsläufig bei ihrer Arbeit auf die Frage, was und welche Kraft sie denn jenseits der bewußten und unbewußten Kräfte hält. Wir werden das an einem Beispiel zu verdeutlichen suchen.

Ähnliches gilt auch für den zweiten Vorwurf, mit dem sich das »Bibliodrama« inzwischen auseinandersetzen muß. Dieser Vorwurf lautet, daß im »Bibliodrama« sozusagen wild alle religiösen Kräfte zu Wort, zu Gestalt und zu Spiel kommen. Dabei trete die historische Jesusfigur in den Hintergrund. Alles werde gleich gültig und somit synkretistisch gleichgültig. Nun hat es als Ergebnis der historischen Bibelkritik schon immer die Betonung des Unterschieds von historischem und geglaubtem Christus gegeben. Aber die Symbolerzählungen des Neuen Testaments, aktualisiert im »Bibliodrama«, geben unabweisbar davon Kunde, daß sich die dort auftauchenden Bilder und Handlungen nicht einfach erträumen lassen in willkürlicher Art. Es geht im »Bibliodrama« mit der Jesusgestalt wie mit jedem Menschen, der die Person eines anderen liebt: Hinter den Fakten, Gedanken, Mitteilungen und Verhaltensweisen wird man die Person und die Liebe des anderen »glauben« müssen, um ihrer teilhaftig zu werden. »Von dieser Person läßt sich sagen«, meint Eugen Drewermann in seiner Reflexion über Tiefenpsychologie und Exegese, »daß sie imstande gewesen sein muß, ein Klima zu schaffen, in dem im Verlauf von Jahrhunderten all die Bilder ins Leben gerufen wurden, in denen allein ein Mensch den Weg seiner Ganzwerdung zu finden und von Gott in den ewigen Symbolen der Religion auf heilende Weise zu träumen vermag.«[4] Diese Akzeptanz herrscht auch in der bibliodramatischen Arbeit, die ihrerseits Mut dazu macht, jenen heilenden Bildern zu folgen, ohne die Erfahrung ihrer Doppeldeutigkeit zu ersparen.

Insofern kann »Bibliodrama« zu einer adäquaten Form der Glaubensvermittlung werden, wenn es die vorsichtige, zurückhaltende, gütige und verstehende Bereitschaft erkennen läßt, das Leben eines Menschen in der Gruppe bedingungslos zu akzeptieren und für eine Weile zu begleiten. Geleitet wird diese Arbeit von dem Vertrauen, daß »Gott« in der Seele des Menschen alles angelegt hat, was der auf dem Weg zu sich selbst und zu seinem Ursprung wissen muß. Denn die Religion verfügt über die Bilder, die im Menschen leben und die ihm Halt und Weisung geben. Der Glaube an den »Christus« aktualisiert sich im »Bibliodrama« besonders für die Leiterin oder den Leiter darin, daß sie voraussetzen, »Gott« habe sich bereits in den Symbolen der menschlichen Psyche selbst mitgeteilt (vergleiche den Aufsatz von Heidemarie Langer). Denn die religiöse Erfahrung sucht diese sich selbst mitteilende Über-Macht zugleich als heilige Gegen-Macht und als helfende Innen-Macht. »Die Symbolik bleibt der Mantel der Unergründlichkeit Gottes. Sie macht ihn zwar den Erfahrungen zugänglich, entzieht ihn aber zugleich jeder Gnosis, die ihn in Besitz nehmen will.«[5]

Insofern ist »Bibliodrama«, bewußt oder unbewußt, in all seinen Formen »Ritual«, weil im Ritual die Interpretation der Symbolik nicht durch ausschließlich kognitive Erkenntnis, sondern durch mithandelnde Teilnahme vollzogen wird. Darum schließt »Bibliodrama« auf und zusammen. Darum wirkt »Bibliodrama« integrierend und engagierend zugleich. Aber wie bei jedem Ritual: Es ist eine Form und bringt in Form. Es kann verhaltenssicher machen, aber auch unfreier. Es kann das Lebendige formalisieren. Rituale leben von der Wiederholung, aber eben auch von der Vielfalt. So lassen sich die verschiedenen Modelle und Versuche, die in diesem Band vorgestellt werden, als Rituale in doppeltem Sinn verstehen: Sie wollen erste Klarheit und Sicherheit über »Bibliodrama« vermitteln. Sie wollen aber auch das »Lebendige« der eigenen Entdeckung anregen.

Ein Beispiel: Die Geschichte vom Reichen
Und als er sich auf den Weg machte, lief einer herzu, warf sich vor ihm auf die Knie und fragte ihn: Guter Meister, was muß ich tun, damit ich das ewige Leben ererbe? Jesus aber sprach zu ihm: Was nennst du mich gut? Niemand ist gut außer Gott allein.

Du kennst die Gebote:
»Du sollst nicht töten, du sollst nicht ehebrechen, du sollst nicht stehlen, du sollst nicht falsches Zeugnis reden, du sollst nicht berauben, ehre deinen Vater und deine Mutter!«

Er aber sagte zu ihm: Meister, dies alles habe ich gehalten von meiner Jugend an. Da blickte ihn Jesus an, gewann ihn lieb und sprach zu ihm: Eins fehlt dir. Geh hin, verkaufe alles, was du hast, und gib es den Armen, und du wirst einen Schatz im Himmel haben; und komm, folge mir nach! Er aber wurde traurig über das Wort und ging betrübt hinweg; denn er hatte viele Güter.

Markus 10,16–21

Die Gruppe entscheidet sich für die Version des Markus, weil sie der »junge« Mann bei Matthäus stört. Ursprünglich lagen alle drei synoptischen Versionen vor. Bereits in der ersten Assoziationsrunde fallen die vielen Verben der Bewegung auf (der Reiche »kam herzu«, »warf sich auf die Knie«, »fragte«). Die zweite Runde nimmt die »Gebärde« der Proskynese (knien) auf. Zwei Teilnehmer spielen sie, zunächst ohne Worte, dann mit den beiden Sätzen: »Guter Meister, was muß ich tun, daß ich das ewige Leben ererbe?« – »Was nennst du mich gut? Niemand ist gut außer Gott allein.« Eine Gebärde »kann das phantasierte Unsichtbare vorweg ergreifen«[6]. Die Zuschauer sind über die Gebärde des Kniens und über »Jesu« etwas hilfloses Entgegenkommen und seinen »Blick« erschüttert. Bei der Rückmeldung ihrer Wahrnehmung sagen sie Sätze wie diese: »Ich frage mich, mit welcher Haltung und Gebärde will ich dem Leben begegnen, es erkennen, begrüßen?« – »Welches ist die Wahrheit und das wirkliche Leben, das ich brauche?« Im Grunde formulieren die Zuschauer auf ihre Weise und aus der Beobachtung einer Gebärde genau jene Frage, die der »Reiche« in der Geschichte stellt. Das heißt: Die Gebärde spricht bereits. Und die etwas hilflose Antwort und der Blick stellen eine ebenso ungeklärte wie ungemütliche Situation her: Gut und Böse, die beiden Kategorien der Sicherheit und Orientierung werden aus dem Raum geschafft (Gott allein ist gut). Das heißt: Es entsteht eine Situation, in der die Wahrnehmung vor die Wertung gestellt wird; eine für manche in der Gruppe außerordentlich schwierige Situation, wie sie sagen (»Wenn ›Gut‹ und ›Böse‹ so unklar werden, woran soll ich mich dann halten?«).

In einer nächsten Spielszene, einen Tag später, treten dann die »Gebote« auf. In einer Situation also, wo »Gut« und »Böse« nicht mehr eindeutig sind und nur noch schemenhaft Orientierung geben, wird die Frage gestellt: »Kennst du die Gebote?« Die Gruppe bemerkt, daß hier nicht gefragt wird, ob die Gebote gehalten worden sind. Offenbar geht es hier mehr um ihre Kenntnis. Wir lassen sie einzeln auftreten. Jedes Gebot stellt sich vor, wirbt für sich: »Du sollst nicht töten«, »Du sollst nicht ehebrechen«, »Du sollst nicht stehlen«, »Du sollst nicht falsch Zeugnis reden«, »Ehre deinen Vater und deine Mutter«, »Du sollst nicht berauben.«

Der »Reiche« spielt seine Rolle so, daß er sich alle Gebote genau anhört, einen Blickkontakt jedoch vermeidet. Entsprechend lahm fällt seine Antwort aus, er habe sie »von Jugend auf« gehalten. Die Gruppenmitglieder halten seine Antwort für »gespielt«. Der »Reiche« sagt, er habe sich in der Tat in Leute versetzt, denen er täglich als Geschäftspartner begegnet. Sie bekämen viel Anerkennung und würden in Aufsichtsgremien gewählt.

Ein drittes Arrangement zeigt ein Dreiecksgespräch zwischen »Jesus«, einem »Jünger« und dem »Reichen«. Die Zuhörer, besonders zwei Pfarrer, entdecken, daß sie – zu ihrem Schreck – den »Reichen richtig sympathisch« finden, während sie Jesus eher ohnmächtig erleben, und den Jünger nehmen sie sogar als ein wenig eifersüchtig wahr; eifersüchtig darauf, daß »Jesus« sich so intensiv und verständnisvoll mit dem »Reichen« unterhält. Das »Feindbild« der Pastoren in der Gruppe gerät unter dem Eindruck des Spiels ins Wanken. Ein Rollenwechsel auf den drei Plätzen bringt an den Tag, daß sich die Spieler auf dem Sitz des Reichen am echtesten gefühlt haben.

Am nächsten Tag dann spielen wir in Zweiergruppen nur den einen Satz: »Eines fehlt dir.« Hier sprechen vor allem Frauen die Männer der Gruppe an, während die Männer zurückfragen, was sie denn zu bemängeln hätten. Eine Frau sagt zum Beispiel: »Ich vermisse bei dir die Klarheit, die Entschiedenheit, daß du endlich einmal sagst, was du wirklich willst, und nicht ständig schwankst!«

Nach dem Spiel wirkt die Gruppe sehr nachdenklich, fast traurig. Die Stimmung der Geschichte hat sich auf die Gruppe übertragen. Alle haften an dem Satz: »Eines fehlt dir.« Jemand möchte wissen, was denn an dem »Schatz im Himmel« so verlockend sei. Wir spielen die letzte Szene: »Eines fehlt dir. Geh hin, verkaufe alles, was du hast, und du wirst einen Schatz im Himmel haben.« Eine Frau, die diesen Satz im Spiel mehrfach gesagt hat, meint zum Spielabschluß: »Ich weiß, daß mir etwas fehlt. Ich weiß auch, daß ich irgend etwas wagen will und nichts zurückhalten. Aber den ›Schatz im Himmel‹, den sehe ich nicht, noch nicht.«

Jemandem fällt zum Schluß noch einmal jener »Blick« ein, den er in der ersten Szene wahrgenommen hat, als der »Jesus« mit der Kniebeugegebärde konfrontiert wurde. »Dieser Blick war für mich die Antwort auf die Frage. Es war ein Blick, der das wahre Leben des Reichen hinter all seinen Verkleidungen erahnte. In der Geschichte nennt Jesus das ›Gott‹, und der allein ist gut.«

Wohlgemerkt: Solche Sätze fallen nicht von theologischen Fachleuten. Sie entstehen im Verlauf eines dreitägigen Seminars von Teilnehmern, die – außer zwei Pastoren – wenig mit biblischer Geschichte zu tun haben. Wenn dies auch kein Beweis ist, dann doch ein Hinweis darauf, daß »Bibliodrama« aktualisieren kann, was das mittelalterliche Mysterien- und Weihnachtsspiel wollte: die Jederzeitlichkeit und Überzeitlichkeit einer alten Geschichte, erfahren in teilnehmendem Wahrnehmen und in Gebärden, damit sie einst wiedererkannt werden im alltäglich gelebten Leben.

Samuel Laeuchli
Abraham und Isaak

Einführung in eine mimetische Bewältigung

Ein Professor oder Pastor arbeitet an seiner Vorlesung oder Predigt über Abraham und Isaak. Er sitzt an seinem Schreibtisch und entwickelt seine Gedanken. Da kann es vorkommen, daß er unvermittelt aufsteht, zum Fenster hinausschaut, einen Moment ganz still dasteht und sich dann wieder hinsetzt, um mit seinem Schreiben weiterzufahren.

Etwas ging in ihm vor. Dieser Moment der Unterbrechung und des Schweigens, vielleicht nur ganz kurz, vielleicht länger und voll Spannung erlebt, gehörte als integrale Forschungskomponente zu seiner Arbeit am Text. Er rechnet nicht damit. Er ist sich seiner Unterbrechung vielleicht nicht einmal bewußt geworden. Aber er hat Elemente in seine Forschung aufgenommen, die zur mimetischen Arbeitsweise gehören: den Gestus des Körpers, die Unterbrechung des kausal-diachronischen Vorgangs, das Schweigen.

Mimesis nimmt diese Sequenz und Unterbrechung als bewußt erlebten und erlaubten Gestaltungsprozeß auf und integriert ihn in die Forschung.

Mimesis ist ein modernes Spiel mit mythischen Geschichten. Es ist ein Weg, der verschiedene, teils sehr alte, teils moderne Vorlagen weiterführt, vom Mysterienspiel zum Psychodrama, wobei auch manche neue Einsichten mitspielen, die Rolle der Meditation bei der Exegese, die Dynamik der Gruppenarbeit, die Forschung über Ritual und Mythos. Als dramatischer Vorgang ist Mimesis organisch, unabhängig von diesen eben zitierten Elementen entwickelt worden, und erst, als bereits die entscheidende Vorlage vorhanden war, entdeckten wir die Parallelen und Hintergründe.

In diesem Gremium muß ich das bibliodramatische Geschehen nicht einführen, was meine heutige Darstellung wesentlich erleichtern wird. Ich werde daher lediglich auf Komponenten achten, die ich als Beitrag unserer mimetischen Arbeit zum biblischen Spiel ansehe.

Als Paradigma wähle ich einen Universitätskurs über Mythos und Mimesis vom vergangenen Herbst, wobei ich etwa in der sechsten oder siebten Sitzung die Geschichte von der Opferung des Isaak spielte.

Ich gebe Ihnen diese Einführung also nicht am Beispiel unserer mimetischen Hauptarbeit, des vollen, mehrstündigen Workshops, sondern in einer beschränkten Form. Gerade darin vermag ich vielleicht zu zeigen, wie die entscheidende mimetische Dynamik nicht erst beim voll ausgezogenen Mysterienspiel, sondern bereits im einführenden Paradigma durchbricht.

Ich verlasse mein Haus in Yardley, etwa 50 km außerhalb der Großstadt, und fahre zur Universität. Zuerst ländliche Gebiete, dann die Autobahn, langsam kommen die Industriezentren, vorne die Türme der Innenstadt, links die Hängebrücke nach New Jersey, und bei Girard Avenue nehme ich die Ausfahrt.

Fishtown heißt der Stadtteil, ein weißes Arbeiterquartier, einfache Häuser, eine Bar, eine zweite Bar, eine Apotheke, Tankstelle, kleine Läden. An der Shackamaxon Street biege ich rechts ab, dann links, bis ich schließlich durch die Columbia Avenue gen Westen fahre.

Da verändert sich die Stadt. Die Arbeiterhäuser von Fishtown werden durch das Getto ersetzt. Hier eine zerfallene Fabrik. Dort bereits ein verriegeltes Haus (wenn ein Gebäude nicht mehr bewohnbar ist, wird es von der Stadt geschlossen, und der Zerfall beginnt), bald ein abgerissenes Haus (wenn der Zerfall zu stark ist, werden die Wohnhäuser von der Stadt abgerissen), das Quartier sieht ein wenig wie Mainz oder Koblenz am Ende des Zweiten Weltkriegs aus.

Und dann vor mir die Universität, moderne Hochhäuser; aus dem Dresden von 1945 fahre ich in die Oase der Akademie von

1985, 30000 Studenten, das Gebäude der Geisteswissenschaften, 6. Stock: Religionswissenschaft. Hier findet der Kurs statt.

Von dem Moment an, da ich von Yardley wegfuhr, bis zu diesem Eintritt in meinen Vorlesungsraum habe ich bereits ununterbrochen die Geschichte gespielt, die ich jetzt spielen werde: *Der Mythos beginnt lange bevor wir überhaupt nur an ihn herantreten.* Er begann, bevor die Geschichte überhaupt entstand. Ob wir sie Mythos nennen oder Sage, Text oder Bild, spielt keine Rolle mehr: Ich habe bereits etwas berührt, was wir während zwei Stunden erfahren werden: das Opfer am Kind.

(Eine Zwischenbemerkung. Ich mache diese eröffnende Beobachtung über die Brutalität der weißen Kultur an ihrem schwarzen Kind scheinbar als eröffnende Schau, als Überschrift. Aber es ist natürlich umgekehrt: Ich mache diese Bemerkung post factum, nach dem Spiel, nach Hunderten von Spielen. In jener Synchronizität, die ich im Spiel erfahre, ist das Vorher durch das nachher Geschehene erklärt. Ich hätte diese Bemerkung nicht machen können, wäre sie nicht aus dem Spiel, aus der durch das Spiel gewonnenen Erkenntnis gewachsen. Das Spiel durchkreuzt vom ersten Moment an Kausalität und Zeit.

Ich fuhr jahrelang durch diese Stadt, ohne darin Abraham und Isaak erkannt zu haben.)

Die Studenten sitzen im Saal. Es ist eine lebendige Gesellschaft von 18- bis 22jährigen Männern und Frauen, und die mimetische Arbeit, gerade weil sie so unerbittlich, so hart ist, hat bereits eine Gemeinschaft geschaffen. »Kundiger böge die Zweige der Weiden, wer die Wurzeln der Weiden erfuhr«, schrieb Rilke (Orpheus, I.6). Diese Arbeitsgruppe hat die Wurzeln bereits erfahren. Wenn das nicht der Fall wäre, würde ich vielleicht die Geschichte erst in einigen Wochen spielen. Oder ich würde sie anders angreifen, vorsichtiger.

Die Studenten wissen bereits, was ich ihnen theoretisch etliche Male erläutert habe, daß es hier um die Erforschung dessen geht, was ich den Alpha-Prozeß nenne, eine Alternative zum Logos-Prozeß, also um einen intuitiven, spielenden, freischöpferischen, statt um einen analytischen, logischen und traditionell akademischen Vorgang. Sie wissen auch, daß dieser Alpha-Prozeß den Logos-Prozeß nicht ausschließt, sondern ergänzt.

Wir haben bereits die Grundlagen zu diesem mimetischen Alpha-Prozeß gelegt, das spontane Spiel, das gegenseitige Vertrauen, die Freiheit der Aussage und die Kraft der antwortenden und schöpferischen Imagination.

Ich erzähle die Geschichte. Manchmal lesen wir sie. Manchmal geben die Studenten sie selber wieder.

Abraham wird von Gott aufgefordert, ihm seinen Sohn zu opfern. Er nimmt einen Esel mit und erreicht in dreitägiger Reise Moria, wo er den Altar baut. Der Sohn möchte wissen, wo das Opfer herkommt. Als der Sohn bereits gefesselt auf dem Altar liegt und Abraham das Messer hebt, bringt ein Engel einen Widder. Abraham und Isaak kehren zurück.

Es braucht lediglich einige Minuten, bis die markante Geschichte vor uns steht. Und dann fängt der Prozeß an.

Die Menschen sitzen im Kreis herum. Mimesis geschieht im Kreis, der die Möglichkeit einer vertrauenden Gestaltung fördert. Ich frage, wer Abraham spielen möchte. Es ist oft ein Mensch, dem sich dieses Spiel heute aufdrängt, auch wenn die Gründe dafür erst später deutlich werden.

Die Studenten stellen Fragen an Abraham.

»Was hast du dem Sohn gesagt, als du ihm diese Reise vorschlugst?«

»Was habt ihr zum Essen mitgenommen?«

»Was hast du Sarah gesagt? Was hielt sie wohl von einer solch unerwarteten Abreise?«

Langsam fallen härtere Fragen. Je stärker das Vertrauen ist, desto härter die Fragen.

»War es dir wohl dabei?«

»Was dachtest du dir überhaupt während dieser dreitägigen Fahrt? Du mußt dir doch Gedanken darüber gemacht haben!«

»Und dann hast du's getan!! Du hast ihn gefesselt: deinen Sohn!! Wie konntest du das überhaupt tun?«

»Bitte, sag uns doch: Was ging in dir vor?«

Es ist außerordentlich wichtig, daß ich alle Fragen erlaube. Ich kann natürlich gewisse Fragen ins Licht rücken, und zwar vor allem dann, wenn jemand eine Frage stellt, die dem oder der Fragenden offensichtlich Mühe bereitet. Ich mache denen Mut, die sich mit ihren Fragen in Frage stellen.

Und die Fragen zeigen ihre Wirkung. Es kommt in diesem mythischen Spiel zu einer *Verwandlung*, zu einem *Umschlagen*, das unwillkürlich und oft wie ein Sturzbach einbricht: Wir sind ganz plötzlich in der Realität dieser Geschichte drin. Und wenn wir einmal drin sind, wenn wir *einmal* von ihr berührt worden sind, läßt sie uns nicht mehr los.

(Eine zweite Zwischenbemerkung: Ich muß mir darüber klar sein, daß die Geschichte, die wir jetzt antreten, diese Menschen von jetzt an nicht mehr loslassen wird! Sie werden diese Geschichte nicht mehr vergessen, auch wenn sie sie scheinbar aus dem Bewußtsein wegwischen. Sie werden diese Geschichte sowenig loswerden wie den Moment, da der Vater gestorben ist oder die Mutter, oder wie den Moment, da die Bomben auf Nürnberg oder Nagasaki fielen oder da wir uns zum ersten Mal entsetzlich fürchteten, von einem Menschen verletzt zu werden.)

In diesen Fragen an Abraham wird früher oder später eine aufgeworfen werden, welche dieses ganze Spiel bis zum Schluß dominieren wird.

»Warum hast du gehorcht?«

»Warum hast du das überhaupt getan?«

»Warum hast du dich nicht dagegen gewehrt, hast nicht gesagt: Das tu ich nicht!!?«

Viele religiöse Menschen, vor allem auch solche aus rabbinischen und fundamentalistisch christlichen Kreisen, haben diese Geschichte als Metapher für einen Gehorsamstest übernommen und werden sie zunächst auch von diesem Gesichtswinkel antreten. Sie werden diese eben aufgeworfenen Fragen zunächst nicht stellen können. Wenn aber diese gestellt wird – sie wird in anderer Form später an Gott gerichtet werden –, ist sie oft bereits der Durchbruch zur Klarheit. Dann ist die Verwandlung bereits im Gange.

Und nun möchte ich hier ein Stück meines eigenen Weges zeigen. Ich kann Mimesis nicht leiten, ohne daß ich an mir selbst die Wirklichkeit, die konkrete Gegenwart der gespielten Texte erlaube. Ich bin niemals hier, um zu dozieren, ich bin hier, um mit den Studenten meinen eigenen Nachvollzug dieser Geschichte zu gestatten.

Denn wenn ich in das Spiel eintrete, dann kommen in mir, genau wie in jedem der Mitspieler, Assoziationen auf, Erinnerungen, konkrete Verknüpfungen, theologische, menschliche, biographische, politische Brücken. In dem Moment, da im Spiel Fragen aufgeworfen werden, lösen die Fragen in mir selber Bilder aus, verwischte Erinnerungen, oft gefährlich vertuschte Erlebnisse. Und es sind diese Erinnerungen und Erlebnisse, welche das mimetische Erlebnis zu einer solch kraftvollen Texterfahrung umgestalten.

»Warum hast du denn gehorcht?«

Vor vielen Jahren, als Student an der Columbia Universität in New York, stand ich zum ersten Mal am Morningside Drive und schaute nach Harlem hinunter. Dort also war das berüchtigte Negerviertel. Hier das gewaltige weiße New York, dort das tragisch-schwarze New York.

Ein Philosophiestudent aus dem amerikanischen Süden stand neben mir, dem mein Staunen zu schaffen machte. Ungerechtigkeit habe es in der Geschichte immer gegeben, meinte er von oben herab. Schließlich habe uns Kafka schon gezeigt, wie absurd Leben sei. Und ich solle nicht etwa einen falschen Begriff über Amerika bekommen, solche dunklen Quartiere seien nicht das »eigentliche« Amerika. Und wir wanderten wieder nach Columbia zurück.

Warum erinnerte ich mich anläßlich eines Abrahamspieles kürzlich an jene erste Schau von Harlem? Weil vor einigen Jahren eine Episode stattfand, die sich kaum 100 Meter von jener Stelle abspielte, wo ich zum ersten Mal auf Harlem hinunterblickte. Wir hatten Kammermusik gespielt, den Hirt auf dem Felsen, das herrlich romantische schweizerische Lied von Schubert. Die Sängerin lehrte spanische Literatur, und der Klarinettist war Telford Taylor, Professor für Jurisprudenz an der Columbia Universität und amerikanischer General im Zweiten Weltkrieg. Er spricht fließend deutsch, liebt Kunst und Literatur, schrieb zwei Bücher über den Vietnamkrieg und ist ein liebenswürdiger Mensch. Telford Taylor war einer der amerikanischen Ankläger im Prozeß von Nürnberg.

Wir saßen nach dem Schubert wie immer über einem Glas Wein, und ich wurde wieder einmal sehr zornig: Sag mir mal, Telford, was haben die denn eigentlich als *wirkliche* Verteidigung gesagt, die Generäle, von denen man eigentlich anderes erwartet hätte? Und Telford wurde sehr leise, fast pessimistisch, präzis: Es ging immer wieder um ein wesentliches Element, meinte er, sie erklärten, sie hätten eben gehorchen *müssen*! Daß ihre ganze Vergangenheit, die militärische Ehre, das deutsche Verantwortungsbewußtsein davon beherrscht war: zu gehorchen!

Und nun zurück zum Spiel: An jenem Nachmittag im letzten Herbst hat tatsächlich ein jüdischer Student Abraham gefragt: Hast du wirklich gehorchen müssen? Und wenn man dir befohlen hätte, Juden in die Güterwagen zu jagen und in die Gaskammern, hättest du es getan?

Die Klasse ist sprachlos. Warum hast du denn gehorcht?

Wenn es zu dieser Frage kommt, dann hat die Arbeitsgruppe das entscheidende Vertrauen, dann hat sie bereits die Mitte erreicht. Es braucht viel dazu, oft kommt es nicht so weit, aber wenn eine solche Frage erlaubt wird, dann hat Mimesis wirklich angefangen.

Abraham kann auf viele Arten reagieren. Er kann sehr defensiv sein: »Ich konnte gar nicht anders! Ich mußte doch einfach gehorchen!«

Abraham kann ziemlich böse werden:

»Fragt doch keinen solchen Unsinn! Habt ihr protestiert, als man die Schwarzen im Süden lynchte? Und ihr wart doch fromme Christen! Ihr gingt alle schön fromm in die Kirche!!«

Die Frage kann Abraham tief treffen. Er schaut die Fragenden an:

»Ja... warum hab ich dies eigentlich getan? Warum konnte ich Gott nicht anklagen, fragen, protestieren? Bitte: Ich weiß das nicht! Es ist geschehen! Die Geschichte ist geschehen!«

Abraham kann auch sehr fromm tun, die Parteiantwort erteilen:

»Er wollte mich prüfen. Am Schluß hat er mich das Kind

doch nicht töten lassen! Seht ihr nicht: Es ging alles in Ordnung!«

Er kann auch arrogant werden:

»Es liegt nicht an euch, die Befehle Gottes zu bezweifeln!«

Ich greife nicht ein. Die Gefühle, die da aufkommen, gehören zur Erkenntnisarbeit. Und kommen die Gefühle nicht auf, muß ich auch diese Unterdrückung stehen lassen.

Es folgt das Interview mit Isaak. Auch hier wird in der Regel ganz naiv angefangen:

»Hast du dir überhaupt Gedanken darüber gemacht, als dir der Vater sagte, ihr gingt weit weg, um zu opfern?«

»Schaute dir der Vater ins Gesicht, als er dir das ankündigte?«

»Was sagte deine Mutter dazu?«

»Erinnerst du dich noch an die Reise? Was habt ihr miteinander gesprochen? War der Vater gesprächig? Hattest du einen Anlaß, zu ahnen, was der überhaupt plante?«

»Und als ihr dort ankamt, wie ging das überhaupt zu?«

»Hattest du denn keine Angst?«

Die Rolle des Isaak kann wieder auf verschiedenste Weise gespielt werden. Isaak kann sehr zart sein, ein Kind, das überhaupt keine Ahnung hat, was da vorgeht. Er kann als rebellischer Jugendlicher dargestellt werden: Ich war natürlich unglaublich zornig! Er kann als abgeklärter Erwachsener dasitzen: Der Vater ist eigentlich ein trauriger Mann!

Wie bei Abraham wird die Rolle die Dynamik des Spielenden reflektieren. Wie bei Abraham wird sich die Biographie der Geschichte mit der Biographie des Teilnehmers kreuzen.

»Was habt ihr auf der Heimreise miteinander gesprochen?«

»Hast du je deinem Vater wieder in die Augen geschaut?«

»Habt ihr je über diese Szene gesprochen? Wurdet ihr euch überhaupt je darüber klar, was da gelaufen ist?«

»Sagtet ihr der Mutter was davon?«

Es folgt ein drittes Gespräch. Das Gespräch mit Gott. Es ist die härteste dieser drei harten Konfrontationen. Es spielt keine große Rolle, *wer* Gott spielt und *wie* dieser Gott gespielt wird.

Die Rolle ist in jedem Fall unsäglich schwierig und unendlich vielfältig. Und doch ergibt sich nach Jahren der Arbeit, daß die Variationen eigentlich beschränkt sind. Es sind einige wenige Möglichkeiten, die immer wieder abwechselnd auftauchen.

Der Gott kann entweder sehr hart gespielt werden. Sadistisch. Abweisend. Überhebend:

»Euch geht das nichts an! Ich weiß, was ich tue!«

»Ich hab euch nicht zu fragen, was in meiner Welt erlaubt ist und was nicht!«

»Ihr würdet überhaupt nicht verstehen, um was es mir da geht!«

Der Gott kann eine traditionelle Exegese vortragen:

»Ja, natürlich: Ich wollte ihn doch auf die Probe stellen!«

»Wenn Abraham wirklich an einen Gott glaubt, dann wird er diesem Gott alles zutrauen, selbst den scheinbar geforderten Totschlag.«

»Ich gehe mit Abraham meinen Weg. Er hat die Zukunft meines Volkes in sich. Mein Weg geht durch dieses Opfer.«

Er kann historisch antworten, distanziert, unbeteiligt:

»Ich wollte denen doch zeigen, daß das Kinderopfer nicht mehr akzeptabel ist.«

»Natürlich ist es etwas problematisch, diese Geschichte da loszulassen, aber so müssen wir eben hin und wieder ankurbeln.«

Gott kann auch ganz anders antworten. Er kann sich in seiner Rolle sehen, gleichsam seine Tat prüfen:

»Ich weiß nicht, ob dies eine gute Tat war. Damals schien es so. Ich bin heute nicht mehr so sicher.«

»Ich mußte diese Tat gutmachen. Das ist doch der Sinn des christlichen Nachvollzugs bei Jesus.«

Gott kann sich entsetzt abwenden:

»Ich will nicht daran erinnert werden! Alte Geheimnisse, die ich selber nicht mehr verstehe...«

»Ich müßte anders vorgehen. Ich bin auch seither je und je anders vorgegangen...«

Einmal erhob sich der Gott und ging schweigend weg.

Gott kann sich auch distanzieren:

»Diese Geschichte ist von den Sängern überliefert worden! Sie handelt nicht von mir. Ich bin es überhaupt nicht, von dem da die Rede ist!«

»Ich finde es eigentlich tieftraurig, daß ihr mich immer noch mit dieser entsetzlichen Tat belastet. Findet den Gott, der so was gesagt und getan hat! Der ist nicht hier!«

Und Gott kann zornig werden, historisch oder zeitlos sprechend:

»Wißt ihr Idioten immer noch nicht, daß diese Geschichte sich niemals ereignet hat? Daß ihr da mit paranoiden Phantasien spielt, mit Überlieferungen vorhistorischer Beduinen. Habt ihr eigentlich umsonst jetzt ein Jahrhundert lang Bibelkritik getrieben? Dabei nichts gelernt?«

»Der Kerl dort hat keine Persönlichkeit! Ich tat's, um ihm zu zeigen, was für ein Schwächling er ist! Schaut ihn doch an!!«

Es läßt sich nicht vermeiden, daß die Teilnehmer dabei über den gespielten Gott zornig werden, daß sie ihn anklagen oder auch verteidigen, daß sie theologisch, philosophisch mit ihm zu debattieren anfangen, daß es zum Streit kommt, zu Parteien, zu Spaltungen innerhalb der Gruppe. Es läßt sich auch nicht vermeiden, daß gewisse Spieler finden, dies sei doch albern, blasphemisch, und diese werden sich überheblich draußen halten, verurteilend, selbstgerecht, die Stirne runzelnd.

Es geht mir nicht darum, dies jetzt im einzelnen zu deuten. Die Zeit fehlt mir dafür. Ich rufe Ihnen nur in Erinnerung, was alles vorgehen kann und womit wir zu rechnen haben.

(Und ich denke an ein Gespräch mit einer Pfarrfrau zurück. Sie spielte die Bibel, erklärte sie uns, und es wurde uns sofort klar, daß sie dies mit ganz außerordentlicher Vorsicht anpackte. Aber es war zunächst nicht ersichtlich, warum sie derart Angst vor ihrer eigenen Arbeit hatte. Als ich erwähnte, wie wir an Abraham und Isaak herangehen, zeigte sie sich schockiert: Gott spiele sie nie! Sie finde das eine Zumutung! »Wie getraut ihr euch überhaupt?«

Es wurde erst im Verlauf des Abends klar, warum sie »Gott« nicht spielte. Ihr Mann war unglaublich sadistisch, depressiv, völlig negativ und zerstörend. Die Familie lebte in einer wahren Hölle. Den »Gott« dieser Geschichte zu spielen hieße für sie, den entsetzlichen Gott ihrer Ehe ins Bewußtsein zu lassen, und das hätte sie nicht durchgestanden.)

Wir lassen dann jeweils zwei Spieler miteinander sprechen. Die Gruppe hört zu. Abraham und Gott. Abraham und Isaak. Gott und Isaak.

Auch diese Gespräche werden oft sehr hart. Die Rollen geraten aneinander. Manchmal kommt es überhaupt zu keinem Konflikt, die drei »verstehen sich«, sortieren miteinander irgendeine Erklärung aus und gehen befriedigt in den Kreis zurück.

Manchmal sind die Auseinandersetzungen derart fremdartig, unwirklich, idyllisch oder deprimierend, wirklichkeitsfremd oder gar verlogen, daß die Mitspieler im Kreis wütend werden und böse Fragen aufwerfen. Oft beginnt während dieser Gespräche die richtige Auseinandersetzung zwischen Gruppe und Text.

Zuweilen wird so viel Staub aufgewirbelt, daß alles außer Atem kommt und eine richtige Zerfahrung ins Spiel gerät. Die Antworten sind unehrlich, verschroben, niemand glaubt denen da drin, was sie sagen, und die Spieler in der Mitte des Kreises sind verärgert, weil man ihnen ihre Rollen nicht mehr abnimmt. Zum Beispiel:

Isaak: »Und du hast den Mut nicht gehabt, Widerstand zu leisten?«

Abraham: »Das verstehst du überhaupt nicht!«

Isaak: »Daß du mich erschlagen wolltest...?«

Abraham: »Ich habe dich nicht erschlagen!«

Isaak: »Wenn der Engel nicht gekommen wäre, wär ich heute nicht mehr hier!«

Abraham: »Der Engel *ist* gekommen!«

Isaak: »...sagst du so schön fromm hinterher!«

Abraham: (kehrt den Stil plötzlich um) »Warum hast du dich denn nicht gewehrt?«

Isaak: »Also doch: Das Opfer ist schuld, daß es sich nicht wehrt! Immer wieder die alte Lüge!«

Abraham: »Hör doch endlich auf, deinen Vater anzuklagen!«

Isaak: »Ah, der Vater wird zu schwach, die Wahrheit zu vernehmen!«

Abraham: »Du bist grausam!«
Isaak: »Und das wagt der Mörder zu sagen!!«
Abraham: »Ich bin kein Mörder! Ich tat es nicht!«
Isaak: »Du *hättest* es getan!!«
Das Gespräch kann viele andere Wendungen nehmen.
Nur noch ein Beispiel einer Auseinandersetzung zwischen Abraham und Gott.
Abraham: »Warum hast du das von mir verlangt?«
Gott: »Ich werde dich zu einem großen Volk machen!«
Abraham: »Ich finde dies eine katastrophale Antwort.«
Gott: »Wenn du diese Antwort nicht magst, dann hast du sie auch nicht verdient!«
Abraham: Ich finde dies eine noch katastrophalere Antwort!!«
Gott: »Die Menschen lernen nie.«
Abraham: »Als ob die Götter je gelernt hätten...«
Gott: »Das liegt nicht an dir zu beurteilen!«
Abraham: »Ich schaue mir nur die Welt an!«
Gott: »Du verstehst sie nicht!«
Abraham: »Und du willst mir wirklich vormachen, daß du sie begreifst? Wenn das wirklich wahr ist, dann bist du ein brutaler Gott!«

In einigen ganz wenigen Skizzen, die oft kaum mehr als eine Stunde dauern, habe ich eine Gruppe von Studenten in einen mimetischen Nachvollzug eingeführt.

Ich lasse die Studenten aufatmen. Wenn sich der Kurs genügend entwickelt hat, führe ich ein paar nicht-verbale Prozesse ein. Den Gestus. Die Handlung. Die Stille als konstituierende Gestalt der hermeneutischen Bewältigung.

Wenn die Gruppe offen genug ist, bringe ich Entspannungsvorgänge hinein, Yoga oder Autogenes Training. Ich lasse die Studenten zwischen den Szenen mit der Atmung arbeiten. Ich zeige ihnen, wie sie den Körper benützen können, um mit den Problemen fertig zu werden. Oder wir gehen einfach einen Augenblick in den Korridor hinaus.

Im Totalworkshop werden die nicht-verbalen Elemente stark entwickelt, die Pantomime, die symbolische Gestik,

Mantra, Musik, das Schweigen. Dort schafft Mimesis ein Mysterien-Drama, das die verschiedenen Linien auszieht, innerhalb derer diese Einführung gefaßt, verstanden und durchgeführt werden kann.

Dann fängt der zweite Teil der mimetischen Arbeit an. Wir steigen aus dem Spiel aus. Wir schalten um und schauen auf das Spiel zurück. Wir lassen also das Spiel ganz bewußt sein, auch wenn diese Umschaltung nicht leicht ist und sich manche Spieler noch lange, tage- oder sogar monatelang, mit Rollen und Geschehen identifizieren werden.

Wir besprechen, was wir eben miteinander gespielt haben. Ich greife im Folgenden lediglich einige Elemente heraus, die etwas Licht in die skizzierte Arbeit werfen mögen.

Es geht zunächst niemals darum, den Studenten eine Spieltheorie anzubieten. Wenn ich je dazu versucht werde, ist das Spiel verwässert. Ich biete keine exegetische Deutung. Weder Theologie noch Geschichtserklärung. Ich kann nicht sagen, was die Geschichte von Abraham und Isaak »wirklich« meinte.

Der Sinn einer Diskussion ist weder theologisch noch exegetisch, weder Interpretation noch Analyse. Ich darf auch keine psychologischen Angaben machen, und höchstens eine kleine Erklärung des Gruppenprozesses mag gegeben werden, andeutend, behutsam, und nur, wenn von den Anwesenden deutlich danach gefragt wird.

»Was denkt ihr über das, was wir eben erlebten?«
Ein Student meldet sich:
»Ich mochte die tyrannische Art von Abraham nicht!«
Ein anderer meint:
»Es war ein Jammer, daß Abraham so rasch aufgab!«
Ein dritter gibt zurück:
»Überhaupt nicht! Ich fand es großartig, daß er Gott derart gehorchte!«
Ein vierter erwidert:
»Es war überhaupt nichts großartig an diesem Spiel! Ich finde es hanebüchen, daß so was an einem Kind geschieht!«
Langsam beginnt die Gruppe etwas von der eben erarbeiteten Szene zu erfassen:

»Es war sehr peinlich, Abraham derart schlapp reden zu hören!«

»Warum hatte Isaak nicht protestiert? Warum protestiert das geschädigte Kind nicht?«

»Isaak ist nicht geschädigt!!«

»Isaak ist sogar sehr geschädigt! Er wird ein Leben mit dieser Szene ringen und nicht davon wegkommen!«

Die Studenten fragen sich, was Abraham und Isaak wohl später, nach Jahren, einander zu sagen haben.

»Ich liebe dich!« Wirklich? »Ich mag dich nicht mehr sehen!« Vielleicht? Was sagt das Kind vor seinem Vater, der es fast erschlagen hätte...

Langsam werden die Fragen härter. Gab es in dieser Geschichte überhaupt so was wie Liebe? Hat Abraham wirklich mit Gott gesprochen, oder war das sein eigener Wahn? War Abraham krank? War er verrückt? Wenn einer heute sein Kind derart zur Verletzung schleppt, wird er als geisteskrank erklärt.

»Abraham, sag mir: Warst du krank? Gab es überhaupt keine Stimme, nur deine eigene Krankheit, die dich zum Mord forderte?«

Hat Gott den unschuldigen Abraham quälen wollen, oder hat Abraham einfach Gott hingeschoben, um seinen eigenen Wahn zu rechtfertigen? Wie der heilige Krieg des Propheten? Wie die Weißen, die nach Amerika gezogen sind und gesagt hatten, Gott hätte ihnen das Land gegeben und dazu das Recht, die Indianer zu ermorden? Ist Gott sadistisch, oder ist »Gott« lediglich eine Ausrede für unsern Sadismus?

»Abraham, sag uns: Ist Gott lediglich die Stimme der Kultur, Evolution, wirtschaftlicher Zwang? Biologische Entwicklung? Geschichtliche Grausamkeit?«

Die Auseinandersetzungen werden härter. »Gott ist niemals grausam!« wendet jemand ein. Schon der Gedanke an einen grausamen Gott ist untragbar. Er hat in dieser Geschichte überhaupt keinen Zorn! Gott prüft doch einfach den Glauben des Patriarchen!

Ein Geschrei geht los.

»Seht ihr wirklich nicht, wie grausam diese Geschichte ist? Habt ihr keine Augen im Kopf, keine Ohren?«

»Aber er hat ihn doch nicht töten lassen!«

»Also: Wenn ich noch so brutal bin, aber der andere kommt noch mit dem Leben davon, dann ist Brutalität in Ordnung! Was für Sadisten haben wir da drin, und niedlich im Gewand der Religion!! Wenn die Juden und Indianer am Schluß nicht vernichtet werden, ist der Rassismus in Ordnung!«

»Stell dir mal vor: Dein Vater hat einen Revolver, hält den geladen vor deinen Kopf, einen geladenen Revolver, sag ich...«

»Aber der Revolver ging nicht los!« wendet jemand ein.

»Habt ihr das gehört: Der Revolver ging nicht los! Und das nennen diese Heuchler ›Liebe und Gottes Prüfung‹! Also drauf: Wir spielen Ku-Klux-Klan, verdammte Schwarze, Kreuz im Garten! Aber wir zünden das Kreuz ja nicht an, alles ist in Ordnung, wir stellen die Leute doch nur auf die Probe.«

Die Leute sind tief schockiert. So fängt die Schau an. Das ist der Schritt in die mimetische Initiation.

Ich nenne diese Reaktionen den *mythischen Schock*. Er ist die Initiation in das Geheimnis des Spiels. Der mythische Schock kann durch unseren eigenen Zorn ausgelöst werden: Das also ist die Geschichte, aber wir haben sie überhaupt nie richtig gelesen! Er kann aus Analogien mit der Gegenwart entstehen oder durch die Schwäche der gespielten Rollen. Er kann dadurch geschürt werden, daß wir zunächst ohne jegliche Katharsis aus diesem Spiel kamen. Die Geschichte ist, wie Kierkegaard gesehen hat, furchtbar. Er entsteht dadurch, daß wir in einer erst kaum bewußten Analogie ahnen, daß die Tragik dieser Geschichte unsere eigene Tragik ist.

Der Spielvorgang, den wir erlebt haben, hat eine ähnliche Qualität wie die Geschichte selber. Er hat eine unsägliche Grausamkeit gezeigt, welche kein Vortrag, keine Exegese, keine Predigt derart scharf ans Licht rücken kann wie das Spiel: Wir haben die Grausamkeit gespürt!

Der Mythos ist brutal. Daher werden die Antworten oft so bitter. Zum Teil auch sehr böse. Warum haben die denn gehorcht? Warum forderte ein Gott solchen Unsinn? Und warum kommen dann die verrückten Theologen und reden, als hätte dieser verbrecherische Gott diese Menschen geliebt? Sind sie eigentlich alle verrückt gewesen?

Wir sind im Begriff, die Geschichte und den Nachvollzug dieser Geschichte zu bewältigen, und dazu gehört das schwierige, die Geschichte niemals lösende Gespräch, ein Austausch von schmerzhaften Erfahrungen, Erinnerungen. *Memoria als hermeneutische Disziplin*. Furcht als Eingang zur Weisheit. Zorn als Zugang zur Wahrheit. Gefühl, Reaktionen, Ehrlichkeit, Partizipation als Elemente des Verstehens.

Wenn in einer Vorlesung ein Student oder gar ein Professor einmal weint, ist dies sehr peinlich. Aber beim Spiel von Abraham und Isaak haben viele Menschen schon geweint. Wenn das mimetische Spiel *wirklich* ist, geschieht es sehr selten ohne Furcht. Und es führt sehr oft zum Zorn.

Manchmal gebe ich den Studenten eine Struktur, mit der sie diesen Alpha-Prozeß erfassen und sich dadurch mit diesem Schock etwas vertraut machen können.

Der normale exegetische, akademische Prozeß geht durch eine direkte Analogie. Wir denken über eine Geschichte nach. Wir studieren Sätze, Taten, Überlieferungen, Bedeutungen.

Wir haben jedoch im Spiel nicht lediglich die Geschichte vor uns, sondern die Strömungen, welche unter der Geschichte laufen. Also jene Kräfte, mit denen bereits die Geschichte ringt. Die Geschichte selber ist schon ein Spiel. Wir dringen also in Dimensionen ein, die unter oder jenseits der Geschichte liegen, jenseits von Text und Bedeutung, und es gehen uns Dinge auf, die durch die Geschichte zunächst verborgen werden. Wir spielen nicht nur die Geschichte, sondern wir spielen eigentlich das Spiel eines Spiels. Wir haben es mit einer Übertragung von der Grundströmung unter der Geschichte zur Grundströmung unter unserem Spiel zu tun. Gleichsam von der Tiefenbedeutung der Geschichte zur Tiefenbedeutung des Spiels.

Dabei werden die direkten Kategorien von Teleologie und Kausalität im Spiel oft verwischt. »Ehe Abraham war, war ich«, die radikale Synchronizität des Johannesevangeliums ist ein wesentliches Element der mimetischen Erfahrung. Bevor die Geschichte von Isaaks Opferung geschaffen wurde, war meine eigene Trauer da. Der Zugang zu dieser Synchronizität sind nicht einfach die Jungschen Archetypen, sondern die entsetzliche Einsicht hinter diesem Spiel: daß Leute töten und die Stimmen der Götter dazu verantwortlich machen.

Die Tochter des Jephta kam nicht mit dem Leben davon. Die erstgeborenen Ägypter auch nicht. Abel auch nicht. Die Familie des Korah auch nicht. Oder denken wir an Iphigenie. An die unschuldigen Kinder der Weihnachtsgeschichte. An die Kinder der Medea. An Gulag. Nicaragua. El Salvador.

Es geht den Spielern allmählich auf, daß sie es mit dem Wahnsinn von Geschichte und Gesellschaft zu tun haben. Ich könnte die Studenten ja mit hinausnehmen. Columbia Avenue: Dort sind die zerstörten Viertel der Stadt. Abraham und Isaak. Die haben zwar überlebt. Aber wie! Schaut mal! Und für wie lange? Wir könnten in ein Irrenhaus gehen! Vielleicht erinnern sich die Insassen schon lange nicht mehr an die Grausamkeit der Väter. Vielleicht sagen sie sogar, sie liebten ihre Väter. Ihre Lehrer und Onkel, ihre Pastoren. Liebt Isaak wirklich seinen Vater?

Oder eben, wenn ich die Mittel dazu hätte, könnte ich diesen Kurs mitnehmen in eine Reservation der Indianer oder nach Dachau. Warum hat er gehorcht, der Abraham? Als sie ihm befahlen, die Juden in die Güterwagen zu treiben... Die Indianer abzuschlachten...

Warum haben wir gehorcht, als man uns zur Grausamkeit zwang?

Es kommt nicht selten vor, daß sich jemand verärgert zu Wort meldet: Diese Geschichte hat doch mit Indianern und Schwarzen, mit Nürnberg und Nicaragua überhaupt nichts zu tun! Es geht um Gott, und all das Spielen hat uns überhaupt nicht zu Gott geführt.

Wir sind beim *Widerstand* angelangt, und es gibt kein einziges mimetisches Spiel ohne diesen Widerstand. Ich hatte mit dieser Klasse im Herbst so viel Vertrauen, daß ich ihnen etwas vom Widerstand mitteilen konnte.

Ich weise zunächst darauf hin, daß wir alle immer nur aufnehmen können, wenn wir dazu fähig sind. Die geniale Einsicht von Freud über den Widerstand ist vielleicht sein entscheidender Beitrag zur modernen Kultur gewesen, aber sie ist nicht von ihm entdeckt worden, sie ist schon bei Faust vorhanden (»Ein jeder faßt nur, was er fassen kann«), sie ist im Neuen Testament vorhanden (»Euch ist's gegeben, die Geheimnisse zu sehen«), und sie geht durch jede Szene von Äschylus oder Sophokles. Man lese nur die berühmte Eröffnungsszene von King Lear.

Widerstand begegnet mir in der mimetischen Arbeit pausenlos, und das Bewußtmachen des Widerstands, dieses sine qua non einer pastoralen Arbeit, der schöpferischen Lehrtätigkeit wie der menschlichen Beziehung ist wohl der wichtigste Erkenntnisvorgang in dieser Arbeit überhaupt.

Warum erhebt sich ein solcher Widerstand gegen das Spiel? Weil die Geschichte im Grunde nicht erträglich ist und weil die Analogien, die sofort gefühlten, aber in der Regel kaum akzeptablen Verbindungen zwischen dem Text und meiner Welt, nicht ausgehalten werden können.

Wenn meine Furcht zu groß ist, wenn diese Geschichte Probleme aufreißt, die mich seit meiner Jugend angegriffen haben, wenn ich einer der Menschen bin, der auf irgendeiner Seite in Nürnberg oder im Vietnamkrieg mit der Tragödie des Gehorsams konfrontiert worden ist, dann kann ich vielleicht diese Analogien nicht aushalten. Dann ist der Versuch, diese Geschichte mimetisch zu verstehen, »falsch«.

Ich nehme dieses »falsch« auf. Ich anerkenne es. Der Mensch hat das Recht, mein Spiel als falsch zu betrachten.

Ich kann Widerstand nicht theoretisch fassen, ich kann mit ihm nur aus meiner eigenen Erfahrung heraus fertig werden. Ich darf ihn unter keinen Umständen predigen, als Angriff gebrauchen (da liegt die große Gefahr der Freudschen Einsicht). Ich lerne Widerstand an mir selber kennen, und ich leite dieses Spiel, indem ich seine Macht, seine Problematik an mir selber erfahren habe.

Ich kann immer nur an mir selber messen, was jemand im Spiel durchstehen und nicht durchstehen kann. Wenn man mir vor dreißig Jahren in Basel gesagt hätte, diese Perikope sei unter anderem ein biblisches Modell für den eben beendeten

Alptraum des Dritten Reiches, dann hätte ich wahrscheinlich lachen müssen.

Ich werde aus diesen Gründen das Spiel auch nie verteidigen. Wenn jemand sagt: Diese Geschichte hat mit den drei Leuten da überhaupt nichts zu tun!, dann widerspreche ich nicht. Gerade Akademiker, aber auch Leute aus der Kirche weisen die Aussagen des mythischen Spiels oft entsetzt von sich.

Ein eher verstörter Theologiestudent nahm einmal an einem großartigen Workshop über das Abendmahl teil, machte auch völlig hingerissen mit und sagte dann am Schluß plötzlich: Ich finde das alles entsetzliche Häresie! Ich widersprach ihm nicht. Er konnte das Spiel nicht durchhalten.

Das Spiel darf nicht verteidigt werden, weil der Angriff nie auf die Oberflächenbedeutung des Spieles zielt. Ich muß dem einzelnen die Möglichkeit lassen, die Oberflächenbedeutung anzugreifen, wenn er nicht stark genug ist, die Tiefenbedeutung durchzustehen.

Ich muß dem einzelnen auch erlauben, den Spielleiter am Schluß in der Diskussion anzugreifen. Auch dieser Angriff geht ja nie gegen den Spielleiter selber, er ist nur Metapher, Ausflucht, Übertragung. Die Teilnehmer muß ich schützen. Der Spielleiter braucht nicht geschützt zu werden.

Es ist im Abrahamspiel dieses Herbstes mit diesem Kurs etwas passiert, das zur Gnade dieser Arbeit gehört. Eine Studentin griff mich beim Abrahamspiel ganz hart an. Sie hätte schon viele Kommentare gelesen, aber so was hätte sie noch nie herausgeholt, und der jüdische Student, der die Bemerkung über Gehorsam und Auschwitz gemacht hätte, der sei geistig und seelisch wohl kaum beieinander. Und überhaupt, diese Klasse solle bitte einmal rabbinische Kommentare lesen, dann käme nicht solcher Unsinn heraus. Christlicher Unsinn! Mimetischer Unsinn! Ich verteidigte das Spiel nicht, ich erlaubte ihr ihre wütende Kritik.

Sie war eine streng jüdisch-orthodox erzogene junge Frau. Gegen Ende des Kurses meldete sie sich bei mir, nach dem Inanna-Spiel. Sie hätte fast zwei Monate gebraucht, bis sie die Abraham-Geschichte verdaut hatte. Sie hätte eine Mordswut auf mich gehabt. Es sei fürchterlich schwer gewesen, mit so vielen christlichen Studenten eine ihrer beliebtesten Geschichten so völlig auf den Kopf gestellt zu sehen. Und sie dankte mir, mit Tränen in den Augen, ihr zugehört zu haben, ohne sie verurteilt oder abgewiesen zu haben. Das Spiel hätte sie tief erschüttert. So tief, daß seither öfters in der Synagoge oder bei Besuchen bei ihren Eltern diese Opferung Isaaks vor ihr aufflammte. Wäre sie angegriffen worden, wäre sie nie zu dieser Freiheit gekommen.

Es ist nicht meine Aufgabe, den Widerstand zu brechen. Ich gehe nicht mit der Absicht in dieses Spiel, Wände niederzureißen. Das wäre Bonhoeffers billige Gnade. Wenn Widerstand bricht, oft nach ganz hartem Ringen, wie er in meinem eigenen Leben nur immer wieder durch scharfe innere Konflikte gewichen ist, dann ist es Bonhoeffers teure Gnade.

Wir konnten den Soldaten des Vietnamkriegs, die wegen My Lai angeklagt waren, zunächst nicht sagen, warum ihr Gehorsam so tragisch war. Erst als sie zurückkamen, nach dem verlorenen Krieg, und nicht mehr mit ihren Erinnerungen fertig wurden, kamen einige von ihnen dazu, sich Fragen zu stellen, die sie sich vorher niemals erlaubt hätten.

Es wird hin und wieder in der Geschichtswissenschaft wie in der Theologie, bei Gruppenprozessen wie bei kirchlichen Veranstaltungen darüber diskutiert, ob man das sogenannte Psychologische, das »Unbewußte« oder wie immer wir jenen Bereich nennen, die Tiefenbedeutung, das Esoterische, das zwischenmenschliche Geheimnis – ob man so was suchen oder eher vermeiden soll. Die Fragen sind begründet. Aber der Vorschlag, man solle die tiefenpsychologischen Probleme *im Spiel* ignorieren, geht an der Wirklichkeit völlig vorbei. Wenn wir in die bibliodramatische Arbeit einsteigen, lösen wir die tiefenpsychologischen Probleme aus, ob wir wollen oder nicht. Wir haben da überhaupt keine Freiheit.

Es geht höchstens darum, daß wir uns fragen: Wie werden wir mit den ausgelösten Problemen fertig? Und das ist allerdings ein sehr dringendes, äußerst schwieriges, aber nicht zu umgehendes Problem. Um die Behandlung dieses Kernproblems konkret einzuleiten, möchte ich ein Beispiel geben, das mir im vergangenen Winter in einem Spiel mit Isaaks Opferung großen Eindruck gemacht hat.

In einem Zentrum für Drogenbehandlung wurde ich eingeladen, Abraham und Isaak zu spielen. Wir hatten leider sehr wenig Zeit, nur etwas über eine Stunde, und das reicht für diese Arbeit eigentlich nicht. Als ich nach einer spannungsgeladenen Auseinandersetzung mit Abraham fragte, ob jemand bereit wäre, Isaak zu spielen, meldete sich sofort eine Frau. Sie war etwa dreißig, gertenschlank, schwarz, völlig verunsichert, an der Grenze der Handlungsfähigkeit und derart sensibel, daß selbst ihre Sprache aus fragmentarischen Stößen bestand. Sie gab sich als Anhängerin der Black Muslim aus, jener schwarzen, fanatisch-fundamentalistischen Sekte.

Vom ersten Moment an wurde sie ganz scharf angegriffen. Da waren all die Drogenbekämpfer im Raum, Therapeuten, die in schwierigsten Verhältnissen, zwischen Verbrechen und Elend arbeiten, und die ließen sich nichts vormachen. Die brachen mit einer Deutlichkeit und Kraft ohnegleichen ein, wie man sie in normalen Gruppen kaum antrifft. Und da war ein Therapeut, ein Schwarzer, ein Hüne von einem Mann, mit einer tiefen Stimme, leidenschaftlich, aber ohne jegliche Sentimentalität, und dem ging die Sache unter die Haut:

»Was hast du gefühlt, als dich der Kerl auf den Altar legte?« fragte er sie hart.

»Ich liebte meinen Vater!« sagte sie.

»Du... was?« Es verschlug ihm die Sprache.

»Ja!« sagte sie, »ich liebe ihn. Er weiß doch, was er tut! Und Gott weiß auch, was er tut! Sie lieben mich beide!«

Dem schwarzen Sozialarbeiter blieb wirklich die Spucke weg.

»Du machst mir doch nicht vor, daß du diese beiden Verbrecher, die dich zum Drogenfall machen werden, geliebt hast! Du haßt sie! Du weißt das nur nicht!«

Zorn war in dem Mann aufgekommen, und er glühte aus seinem ganzen Gesicht. Was er vor sich hatte, war die ganze Problematik der Drogenabhängigkeit, das verletzte Kind, die Brutalität von Familie und Gesellschaft. Immer wieder beteuert das mißbrauchte Kind, es werde von seinen Eltern geliebt!

Vorher ergab sich alles von selbst, aber in diesem Moment mußte ich einschreiten. Ich mußte dieser Frau zu Hilfe kommen. Der Mann sieht natürlich, was vor sich geht: Die Frau ist in einer Psychose, sie darf sich die Brutalität nicht eingestehen, sie ist derart das mißbrauchte Kind und Opfer, daß sie Brutalität als Liebe bezeichnen muß.

Aber diese Frau hat das Recht, von »Liebe« zu reden! Sie kann ja das Leben nicht anders ertragen. Sie muß in ihren Wahn fliehen können. Es ist Widerstand par excellence, was sich da auftut, und es ist nicht meine Aufgabe, ihren Widerstand zu brechen. Ich könnte das auch gar nicht. Wenn sie stark genug wäre, säße sie nicht flehend vor Abraham und erklärte uns, sie liebe ihn.

Ich muß unter allen Umständen verhindern, daß jener gesund reagierende Drogentherapeut diese Frau verletzt. Aber ich will seine Perzeption dabei nicht negieren. Natürlich ist es verrückt, daß das Opfer vor der Folterkammer sagt: Der Hexenschänder hat mich im Grunde gern! Daß das mißbrauchte Kind glaubt: Die Eltern lieben mich! Ich schütze den Hünen, indem ich ihm zu erkennen gebe, daß diese erschütterte, vernichtete Frau nicht anders kann, als Abraham und Gott als »liebend« zu betrachten, weil sonst ihr mühsam errichtetes Weltbild gegen den Wahnsinn zusammenbricht. Und ich schütze die Frau, indem ich ihr beistehe: »Ja! Ich verstehe! Du liebst die beiden!«

Dieser *Schutz* ist darum so wesentlich, weil das Spiel die Spieler sensitiv macht und dabei Elemente aufbrechen, die wir verdrängen wollen, also etwa Impotenz und Auflehnung, Ehrlichkeit, Rache oder Verzweiflung. Oder eben ödipale Reaktion, Depression, Suizid.

Als Leiter eines mimetischen Prozesses habe ich die Aufgabe, die Teilnehmer, und zwar sowohl die Spielenden als auch die Fragenden, unter allen Umständen zu schützen. Es wäre ein völlig verfehltes biblisches Spiel, wenn ich diese Frau auch nur mit einem Wort angriffe oder zur Aufgabe ihres Widerstandes zwänge.

Denn, was in ihr hochkommt, oder eben nicht hochkommen darf, sind unbewältigte Wellen von Schmerz und Ungerechtigkeit, von Verzweiflung und Verirrung. Sind also Wahn und Selbstvernichtung. Diese Spannungen werden ausgelöst, ob wir es wollen oder nicht. Da liegt sowohl die Macht wie auch die Verantwortung der mimetischen Arbeit, in jeder, auch der kleinsten dramatischen Szene eines Bibelspiels.

Der Schutz muß ausgeübt werden, ob wir mit psychoanalytischen Kategorien arbeiten oder nicht. Und wenn die Theoretiker kommen und uns mit ihren Begriffen aushelfen wollen (und das geschicht nicht selten, wenn Psychoanalytiker oder andere Therapeuten an einem Workshop teilnehmen), dann muß ich auch diese schützen. Sie wollen deuten, weil sie die Wirklichkeit von Isaak, des von dieser Frau gespielten Opfers, nicht aushalten können! Widerstand ist unser tägliches Brot.

Wenn in einer langen, schwierigen Arbeit ihr Wahn einmal zusammenbrechen sollte, wenn sie plötzlich erwachte und aufschrie: »Was haben die an mir getan!!«, dann ist es nicht meine Tat, dann ist es das Resultat von jahrelanger Therapie. Und es ist zugleich die Gnade Gottes.

Aber im Grunde bin nicht ich es, der die Menschen schützt. Diese Isaak spielende Frau wird von dieser Geschichte selber geschützt.

Wenn das Spiel für sie unerträglich wird, kann sie sich immer sagen: Das ist doch dort genau so dargestellt worden! Isaak wurde nicht vernichtet! Oder sie kann sich sagen: Das ist doch einfach eine alte Geschichte! Und der Wissenschaftler darf sich ruhig wehren: Hört doch auf! Ihr handelt von altorientalischen Sagen!

Der Schutz ist so sehr in den Mythos eingebaut, daß er uns ohne weiteres gestattet, ihn als unwahr zu erklären. Vielleicht ist die Geschichte überhaupt nie passiert! Viel Lärm um nichts! *Es ist die Genialität unserer Tradition, daß sie uns vor ihren eigenen Aussagen und dabei zugleich vor uns selber schützt!*

Was erhoffen wir uns von diesem Spiel? Wohin wird es uns führen? Warum soll überhaupt jemand so etwas auf sich nehmen, Studenten oder Lehrer, Laien oder Theologen? Warum soll ich das mythische Entsetzen meines Lebens erfahren?

Ich habe bereits erwähnt, daß ich im Gespräch nicht interpretiere. Warf nicht Wittenstein die große Einsicht in das philosophische Gespräch, daß ich etwas nicht dadurch erfasse, indem ich es erkläre? Gäbe ich Erklärungen, würde ich nur wieder meinen eigenen Widerstand mit Material füttern und dadurch eine Lösung als Ziel vortäuschen.

Ich weiß ja nicht mehr als die Studenten, ich bin hier nicht Exeget, Professor, Priester. Die Wahrheit dieser Geschichte, ihr Code, ihre Rätsel, ihre Katharsis liegen nicht im Bereich meiner Ordination oder meiner Habilitation. Die Studenten werden ein Leben lang mit dieser Geschichte ringen müssen, wie ich selber ein Leben lang mit ihr gerungen habe. Das Spiel zwischen dem fordernden Gott, dem gehorchenden Abraham und dem mißbrauchten Kind hat keine Lösung.

Meine Frau behandelt Kinder der Überlebenden von Konzentrationslagern, starke erwachsene Frauen und Männer von New York, Opfer, um deren Vernichtung Abraham gehorcht hatte. Sie oder ihre Eltern sind auch nicht getötet worden. Und sie brauchen ein Leben, einen Schritt von Wahnsinn, Schizophrenie oder Selbstmord entfernt, um herauszufinden, warum Abraham dieser Stimme gehorchte. Der Prozeß von Nürnberg gab ihnen auch keine Lösung.

Es geht um etwas ganz anderes: Wir lüften den Schleier. Wir fühlen das Paradigma der Dunkelheit. In einem mir heute noch verschlüsselten Geschehen haben wir einen Bereich jenseits von Denken und Erklärung aufgebrochen, obschon bei dieser Arbeit sehr viel Denken dabei ist.

Das Spiel erklärt nicht, aber es führt dazu, daß die Geschichte nochmals Geschichte wird. Wenn jemand den mythischen Schock auch nur einmal ahnend erfahren hat, dann ist ein Stück Bewußtsein erweckt worden. Das Erwachen des Bewußtseins ist der Anfang der Verwandlung.

Das Ziel ist eine Art Vision, eine Schau voll Erstaunen, ein Blick in unbegreifliche Verknüpfungen des menschlichen Wesens, etwa wie Elie Wiesel, der am Schluß des Krieges vor dem Spiegel stand, ein Skelett, nackt, und er sagte sich: Das bist du! Das dort drin! Dieser Mensch dort!!

Was heißt *Bewußtseinsveränderung*? Manchmal muß ich auf andere Gebiete übergreifen, um Modelle für diesen Vorgang zu finden: daß er eine Art *Participation mystique* auslöst, daß er vielleicht eine Art *Initiation* darstellt, oder daß man von *Taufe in die Wirklichkeit* reden könnte. Was der Prozeß verspricht, ist manchmal ganz einfach *Verwandlung*. In meinem Leben, in meinem Denken und Fühlen ändert sich etwas.

Ich weiß nicht, warum solche Verwandlung so bedeutsam und heilend ist. Die berühmten Vorschläge von Sokrates, Freud und Augustin sind fragmentarisch, unbefriedigend. Ich weiß nur, daß Verwandlung möglich ist. Könnte ich mit meinen Studenten durch das Getto unserer Universität wandeln, die niedergerissenen Häuser anschauen, die Arbeitslosen, die oft bereits in dritter Generation ihr Leben auf der Straße verbringen, dann habe ich zwei Möglichkeiten: entweder schließe ich meine Augen, oder es wird etwas in mir aufgetan. Denn die nicht-erkannte Grausamkeit führt zur weiter-wirkenden Grausamkeit. Sokrates meinte, das nicht-erforschte Leben sei nicht lebenswert; das Problem ist ernster, als er dachte. Das nicht-erforschte Leben trägt den Schrecken des nicht-erforschten Lebens weiter.

Das ist denn auch die Tragödie dieser Geschichte: daß Menschen sie hören, Vorlesungen geben, über sie predigen, sie sogar auf hebräisch auswendig können und am nächsten Tag mit größter Brutalität an ihren eigenen Kindern weiterführen werden.

In einem eindrücklichen Fresko im Museum von Neapel ist der ganz frühe Totentanz der Etrusker dargestellt. Wir haben die Geschichte getanzt, und in den Tiefenworkshops unseres Instituts tun wir dies in einem achtstündigen Vorgang.

Wir fühlten den Gestus des nicht-ausgeführten Opfers. Wir spielten den Tanz des hebräischen Buben, der nicht ganz durch den Wahn seiner Gesellschaft, seines Stammes und seiner Väter vernichtet worden ist. Wir tanzten den Gehorsam des Vaters, der bis zum Ende nicht wußte, auf was für Stimmen er gehört hatte. Wir tanzten die Mimesis des Gottes, der durch diese Geschichte vielleicht mehr litt als seine beiden Spielpartner zusammen. Man könnte sich am Ende fragen: Wer war am meisten verletzt, der Gott, der Vater oder das Kind?

Der Tanz schafft Leben, aber erst dort, wo er uns zuerst ganz tief angegriffen hat. Die Mimesis des Mythos ist eine moderne Form des Totentanzes, eine Pantomime der tragischen Begegnung. Ein Spiel mit unserem unbewältigten Schicksal. Persephone. Shiva. Die Auferstehung. Das Jüngste Gericht. Es ist ein Code, der, wenn wir ihn einmal zu berühren wagen, uns bis in den Nerv hinein trifft. Was berühren wir?

Unsere eigene Dunkelheit, vielleicht, was Jung den Schatten nannte, das Geheimnis unserer Gegenwart. Das Spiel schneidet durch den ganzen hermeneutisch-gordischen Knoten, durch Struktur und Chaos von Kultur und Sprache, von Geschichte und Zeit.

Manchmal scheint es mir, als hätten die Stämme der Alten Welt den Sängern gesagt: Ihr dürft nicht die ganze Wahrheit sagen! Wir können sie nicht aushalten! »Mankind cannot bear very much reality«, schrieb T. S. Eliot. Gebt uns Heroen, Heilige, Magier, gebt uns Richard Nixons, Gandhis, Batman oder Billy Graham, John Wayne oder Star Wars.

Aber die Sänger gehorchten nicht. Sie gaben uns allerdings Kinder-Geschichten, aber in ihnen, hinter ihnen, durch sie spielten sie mit unseren Schatten, schlau, spielerisch. Abraham und Isaak. Sie verhüllten. Und sie verhüllten so glänzend, so gescheit, daß es eine Lebensarbeit benötigt, ein Spiel voll Terror, um auch nur einen Millimeter dieses Codes zu enthüllen. Könnt ihr es aushalten, fragt er uns? Wie weit wagt ihr zu gehen?

Die Mimesis des Mythos ist keine leichte Aufgabe. Sie führt uns in die Hölle von Geschichte und Gesellschaft. Und ich mußte in einem langen und schwierigen Prozeß lernen, daß ich von meinen Studenten nicht fordern kann, was ich nicht selber von mir fordern kann. Ich kann den Menschen den Schutz nur gewähren, wenn ich weiß, daß ich selber jeden Tag Abraham, Isaak und den Gott spielen kann, und zwar mit der gleichen Tragik.

Die Mimesis des Mythos löst dann allerdings oft gewaltige Kräfte der Katharsis aus. Sie ist nie billige Gnade, sie ist immer Geschenk, Preis und Dankbarkeit unter Schatten und Leid. Sie ersteht fast immer aus jener Distanz, welche meine eigene Problematik durch eine Bildersprache auflöst. Sie wird, hin und wieder, zu einer schöpferischen Kraft einer synchronischen, alternativen Scientia.

Und was braucht es dazu? Einen Kreis des Vertrauens, eine Gemeinschaft, welcher der Code sich anvertrauen kann, und wenn ich dieses Vertrauen nicht haben kann, wird der Prozeß nicht gehen. Was braucht es? Eine dichterische Intuition jenseits aller gelehrten Regeln, ein Vertrauen in die Imagination meiner Gefühle, jene poetische Klarheit und Verhüllung, womit Dante in der Hölle die Selbstmörder schmäht. Was braucht es? Den Mut des Mörders, der sich die Augen ausstach und dann gen Colonnus stolperte, blind, verletzt und voll Leid, und die Stadt Theben wurde durch seine Einsicht geheilt.

Das Spiel ist vorbei. Wir haben die Dunkelheit des Gottes berührt. Darin liegt vielleicht die größte kathartische Kraft eines mimetischen Prozesses.

Oder, wem theologische Sprache zu gefährlich ist: Wir haben die Grenzen des Absurden geschaut, die soziale Ungerechtigkeit, die zerbrechliche Geschichte, die Pathologie der Gesellschaft.

Wir verlassen den Raum, betroffen: Bitte, sagt jemand, predige mir von jetzt an nie mehr über Gehorsam!

Wenn das Spiel vorüber ist, geschieht es oft, daß ein Band die Spielenden umschlingt. Das mythische Spiel hat uns in einen gemeinsamen menschlichen Strom eingelotst. Wir gehen zur nächsten Aufgabe, noch eine Vorlesung, Gespräch, Bibliothek, zu unserer nächsten Begegnung, Liebe, Freundschaft, Konflikt. Das Spiel hat uns die Augen geöffnet. Abraham, Isaak, Gott: Die Rollen sind überall zu sehen, die Blindheit, der Widerstand, der Schmerz. Wir haben die Dunkelheit getanzt, und die Lichter beleuchten die Bühne.

Unsere Helfer und Leiter warten draußen vor der Tür, die Geister, welche uns weise durch die schwierigen Szenen getragen und geleitet haben, Genesis, Hiob, Artaud, Moreno, Sophokles, Jung, die unbekannten Verfasser der mittelalterlichen Mysterienspiele, Jean-Louis Barraud, der uns dort drüben an unserer Universität zeigte, was Pantomime ist.

Wir nehmen die Untergrundbahn nach Hause, oder wir fahren im Auto zurück, durch die leidende Stadt hinter dem amerikanischen Reichtum, an zerfallenden Häusern vorbei, vor denen die Menschen warten, das Land voller Leid, und die Kirchen werden diese Geschichte mißbrauchen, wie wir alle immer wieder die Texte der Götter entstellen. Und die Geschichte haftet an uns und fragt uns bis in den Schlaf:

Warum hat Abraham dieser Stimme gehorcht? Wessen Stimme war das wohl? Und was hat Isaak dabei gespielt?

Gerhard Marcel Martin
Bibliodrama – ein Modell wird besichtigt

Wie es anfing

An einem Drehpunkt des Kreativitätsbooms zu Beginn der siebziger Jahre stand die Erfahrung, daß das alte Verkündigungsspiel, von einem christlichen Autor geschrieben, in kirchlichen Lebenszusammenhängen gespielt, weitgehend tot sei. Neu zur Welt gebracht werden müsse die freie Improvisation, die persönliche Konfrontation mit einem biblischen Text, dessen Erarbeitung als Spiel- und Interaktionsprozeß, nicht als Theaterprodukt. Als ferne, unerreichbare Vorbilder, aber durchaus in Wunschnähe, als radikale Zeit-Genossen ganzheitlicher Arbeit in der Gruppe und am jeweiligen Material erschienen The Living Theater, das Bread and Puppet Theatre, Peter Brooks Theatergruppe und Jerzy Grotowskis Theaterlaboratorium. Dabei faszinierte gleichermaßen, wo diese Gruppen begannen – bei intensivster Arbeit mit dem eigenen Körper und seinen Ausdrucksmöglichkeiten –, wie, wo sie aufhörten: bei der Präsentation eines Stoffes, der ganz durch sie hindurchgegangen, ganz in ihnen gegenwärtig war.

Meine intensivste Berührung mit diesem »Milieu« verdanke ich Katya Delakova. Nachdem ich sie 1973 bei ihrer Workshop-Arbeit in der Frankfurter »Beratungsstelle für Gestaltung von Gottesdiensten und anderen Gemeindeveranstaltungen« kurz kennengelernt hatte, war ich ein Studienjahr lang, sozusagen im Privatunterricht, in ihrer kleinen »lecture-demonstration-group« in New York. Wir arbeiteten zwei Tage in der Woche und beschäftigten uns *inhaltlich* – quer durch die Religions- und Kulturgeschichte – mit dem Turmbau zu Babel (1. Mose 11), so daß am Schluß unter Katyas Regie eine offen strukturierte Gruppenimprovisation stand, die wir mehrfach in Synagogen und Hochschulen zeigten.

Was mir in diesem New Yorker Jahr widerfuhr, war so etwas wie eine leibhaftige Wiedergeburt, vielleicht überhaupt ein erstes Ankommen in meinem Körper. Wie Jugendliche oft über Beat und Rock im Medium der Musik eine neue Sozialisation erleben, so bin ich sehr elementar durch Katya Delakovas »Kunst der Bewegung« neu auf die Welt gekommen: Ich habe Erstarrungen verlernt, Tabus der Selbstwahrnehmung übertreten, Bewußtsein dort hineinzuschicken gelernt, wo Dumpfheit war, und den Imaginationsbereich erweitern können mit der überraschenden Entdeckung: Wohin ich wirklich mein Bewußtsein schicken kann, wofür ich innere Vorstellungen habe, dort werde ich lebendig, dort gelingen auch Bewegungsabläufe, die vorher so gut wie nicht »machbar«, weil im Tiefsten nicht vorstellbar erschienen.

Dies ist *ein* Grundprinzip der Körperarbeit Moshe Feldenkrais', von der Katya Delakova vergleichbar wichtige Impulse erhalten und verarbeitet hat wie von zahlreichen anderen Schulen. Ihr Weg beginnt in Wien, beim klassischen Ballett, verläuft über jugoslawische und israelische Folklore zu chinesischen und japanischen Meistern in New York (Aikido und T'ai Chi). Schließlich ist ihre Körperarbeit nicht unerheblich beeinflußt von jahrelanger Zusammenarbeit mit ihrem Ehemann, dem Komponisten, Dirigenten und Musikwissenschaftler Professor Dr. Moshe Budmor und seinen elementaren Stimm-, Chor- und Rhythmusübungen.

Von 1976 an habe ich dann an der Evangelischen Akademie Arnoldshain und andernorts begonnen, in kritischem Zusammenspiel und kreativem Austausch mit Spiel- und Theaterpädagogen, mit Psychoanalytikern verschiedener Schulrichtungen, mit Psychodramatikern, auch mit K. Delakova und M. Budmor persönlich, in drei- bis fünftägigen Workshops bibliodramatisch zu experimentieren. Inzwischen gibt es in Praxisfeldern von Schule und Gemeinde (Konfirmanden- und Religionsunterricht, Kirchenvorstand, Erwachsenenbildung, deutlicher noch in der Aus-, Fort- und Weiterbildung kirchlicher Mitarbeiter) fast so etwas wie einen Bibliodrama-Boom. – In meiner Arbeit haben sich Prozeß- und Begründungsmuster herausgebildet, die ich kurz und modellhaft vorstellen möchte.

Grundstrukturen und Grundziele der Körperarbeit

Jenseits jeden paramilitärischen Drills gibt es sehr verschiedene Wege, den Körper zu bewohnen, sich mit ihm vertraut zu machen, das Haus oder den Tempel des Körpers, in dem ich schon immer drin bin, Raum für Raum, Gang für Gang kennenzulernen und schließlich vielleicht auch verbotene Türen zu öffnen. So wird der Körper, so werde ich »behaust«, so lerne ich meine Wohnstätte, mein Instrument kennen. Es sind hier dimensional sehr verschiedene Übungswege aus Atemschulen, aus körperorientierten Meditationsschulen, aus der Eutonie, aus der musik- und spielpädagogischen Praxis oder auch aus dem Tanz- und Theatertraining möglich. Was – sehr elementar und anfänglich! – vermittelt wird, sollte der, der es vermittelt, selbst basishaft gelernt haben und von innen kennen. – Die Körperarbeit hilft, zumeist implizit, sehr verschiedene Ziele des bibliodramatischen Prozesses zu verwirklichen:

Focuswechsel: Menschen kommen aus verschiedenen Situationen, von denen sie *Abstand* gewinnen müssen, bevor eine Annäherung an Gruppe und Text möglich ist. Sie brauchen auch Abstand von Wahrnehmungs- und Verhaltensmustern, die sie aus der Alltags- und Sonntagskommunikation aus Familie, Beruf, Kirche und gegebenenfalls auch aus Therapiegruppen mitbringen. Wenn eine Gruppe einem biblischen Stoff wirklich elementar und neu begegnen will, muß sie allzu schnelle Reaktions- und Verarbeitungsmuster geradezu *verlernen.* Dazu hilft, Bewegungs-, Wahrnehmungs-, Atem-Vorgängen seine Aufmerksamkeit zuzuwenden, die sonst zumeist unbeachtet bleiben. Durch diesen Bewußtwerdungsprozeß, nach dem Verlernen, läßt sich ein freierer Umgang mit diesen Mustern und dann auch *Neues lernen:* neue Erfahrungen mit Atemmodi, mit Bewegungsabläufen, mit Körperwahrnehmung insgesamt.

Aus der Arbeit von K. Delakova habe ich übernommen, die

Übungen soweit wie möglich mit geschlossenen Augen zu vollziehen. Das befördert die Möglichkeit des Umschaltens, des Focuswechsels, des Verlernens und des Neulernens. Ein wesentlicher Effekt darin und darüber hinaus ist, daß Teilnehmer, solange sie die Augen geschlossen haben, gar nicht erst beginnen, zu rivalisieren und im Zweifelsfall sich und andere durch äußeres Vergleichen zu korrigieren. Der Anleiter beschreibt so präzise und poetisch wie möglich die Bewegungsvorgänge, die Teilnehmer übersetzen das Verstandene in Bewegung; und es wird ihnen versichert, daß es nicht um Leistung oder Kontrolle, nicht um richtig oder falsch geht. So entsteht eine Zentrierung in die Gruppensituation hinein und zugleich eine Neutralisierung derjenigen, die sich in jedem Gruppenprozeß sogleich so dominant einbringen, daß andere sich gar nicht erst hervorwagen (»Alpha-Typen«). Auf diese Weise gelingt es, daß die ersten Beiträge der Interaktion aus einer Zentrierung und aus einem Schweigen heraus kommen.

Vorbereitung für die inhaltliche und gestalterische Arbeit: Die Körperübungen können phasenweise schwergewichtig die kreativen Prozeßschritte vorbereiten. Eine ruhige Atemarbeit etwa kann hinführen zur Meditation, zum Kontakt mit inneren Bilderfahrungen (aktive Imagination, katathymes Bilderleben). Übungen zu offenen und geschlossenen, aufrechten und bodennahen Körperhaltungen sind unmittelbar relevant für die Sache und die Gesten des Betens, etwa in der Versuchungsgeschichte Jesu, in der der Teufel dem Sohn Gottes nahelegt, ihn anzubeten (Matthäus 4,1–11). Körperübungen können also immer auch schon ein Experimentier- und Erfahrungsfeld für stimmliche und gestische Ausdrucks- und Eindrucksmöglichkeiten sein.

Schließlich: Die Körperarbeit, die für mich konstitutiv mit dem Bibliodrama verbunden ist, ist deutlich nicht nur gegenüber einem herkömmlichen Sportunterricht und seiner Phasenfolge von Anstrengung, Überspannung, Lockerung abzugrenzen, sondern auch gegenüber der klassischen Bioenergetik und allen Körperübungen, die über das gerade gegebene Leistungs- und Energiepotential des Übenden *hinaus*führen sollen und so unvermeidlich (und oft sehr bewußt) Streßsituationen produzieren. Mit dieser Abgrenzung ist auch ein erstes »Sicherheitsventil« bibliodramatischer Arbeit gegeben: Weil kein Teilnehmer *provoziert* wird, über seine gegenwärtigen Verhältnisse zu leben, das heißt seine Grundstrukturen dimensional zu überschreiten, bleibt Bibliodrama wesentlich in der Eigenregie der Teilnehmer und deren Bereitschaft oder Zurückhaltung, das Wahrnehmungs- und Interaktionsfeld zu erweitern. Bibliodrama produziert und provoziert sowenig wie möglich Widerstände und arbeitet nie gegen sie an, sondern behandelt sie im gegebenen Fall – mit der Terminologie der Themenzentrierten Interaktion zu sprechen – als »Störung«. Was natürlich – im Gegenextrem – nicht heißen darf, daß bibliodramatische Körperarbeit Menschen ruhigstellt, so daß der Übergang hin zu Aktiv- und Interaktionsphasen nur noch mühsam gelingt.

Skizze eines Arbeitsprozesses

Grundsatzfrage: Gebe ich einen biblischen Text vor, oder soll ihn die Gruppe zuallererst finden? Natürlich entsteht gruppendynamisch von vornherein ein sehr viel größeres Reizklima, wenn den Teilnehmern eine schwerwiegende Entscheidung zugeschoben wird und kein Angebot von außen, etwa ausdrücklich bereits im ausgedruckten Programm, erscheint. Freilich ist die Gruppensituation durch solche anfängliche Verhaltens- und Entscheidungsunsicherheit auch durchaus belastet und belastend. Selbst wenn sich einigermaßen zügig eine Mehrheit auf einen Text einigt, ist dies eine Entscheidung zuungunsten von Minderheiten; und selbst diejenigen, die zur Mehrheit gehören, werden bei ihrer Entscheidung wesentliche Kompromisse gemacht haben. Aus solchen Erwägungen heraus lade ich gewöhnlich von vornherein zur Arbeit an einem bestimmten Text ein, was obendrein den deutlichen Vorteil hat, daß ich mich zur Vorbereitung soweit, wie es sinnvoll ist, mit dem Text exegetisch und spirituell beschäftigen kann. – Aber ich möchte keineswegs mißverstanden werden: Diese Notiz aus meiner Werkstatt ist genausowenig Norm oder Rezept wie irgendeine andere!

Der erste Impuls: Ich beschreibe Arbeitsschritte eines Bibliodramas zum Psalm 139, zu dem ich 1985 mehrfach eingeladen habe. Jedes Bibliodrama vollzieht sich wesentlich im Dreischritt: I: Körperarbeit – II: Kreative Phase – III: Aufarbeitung/Gespräch. Ich fange also mit einer Körperarbeit an, in die die Selbstvorstellung der Teilnehmer und eine anfängliche Raumerfahrung integriert sind. Wesentlich kann sein, schon in dieser ersten Einheit unter anderem mit der Stimme zu arbeiten, damit die Teilnehmer ermutigt werden, sich auch stimmlich aktiv und zuhörend in die Gruppe einzubringen; ein gemeinsames Singen von Grundtönen oder Vokalfolgen kann die Anfangserfahrung in einer Gruppe positiv beeinflussen.

Als *erste Arbeitsaufgabe* nenne ich: »Hört (oder lest) den Psalm zweimal und wählt euch dabei zwei Worte aus, zu denen ihr Ausdrucksgesten findet. Ihr werdet eure beiden Worte (also wirklich keine halben Sätze!) der Gruppe zeigen, die Gruppe wird sich in eure Gesten und eure Artikulationsweise der beiden Worte hineinfühlen, sie mitmachen und nachvollziehen. Und dann werden wir sehen, ob wir über eure beiden Worte aus dem Text bereits in kleine Spielzusammenhänge kommen.«

1 Ein Psalm Davids.
   Herr, du erforschest mich und kennest mich.
2 Ich sitze oder stehe, du weißt es;
   du verstehst meine Gedanken von ferne.
3 Ich gehe oder liege, du ermissest es,
   mit all meinen Wegen bist du vertraut.
4 Ja, es ist kein Wort auf meiner Zunge,
   das du, o Herr, nicht wüßtest.
5 Du hältst mich hinten und vorn umschlossen,
   hast deine Hand auf mich gelegt.
6 Zu wunderbar ist es für mich und unbegreiflich,
   zu hoch, als daß ich es faßte.
7 Wohin soll ich gehen vor deinem Geiste?
   Wohin soll ich fliehen vor deinem Angesicht?
8 Stiege ich hinauf in den Himmel, so bist du dort;
   schlüge ich mein Lager in der Unterwelt auf – auch da bist du.

9 Nähme ich Flügel der Morgenröte und
   ließe mich nieder zuäußerst am Meer,
10 so würde auch dort deine Hand mich greifen
   und deine Rechte mich fassen.
11 Und spräche ich: Lauter Finsternis soll mich bedecken,
   und Nacht sei das Licht um mich her,
12 so wäre auch die Finsternis nicht finster für dich,
   die Nacht würde leuchten wie der Tag.
13 Denn du hast meine Nieren geschaffen,
   hast mich gewoben im Mutterschoß.
14 Ich danke dir, daß ich so herrlich bereitet bin,
   so wunderbar;
   wunderbar sind deine Werke. Meine Seele kanntest du wohl,
15 mein Gebein war dir nicht verborgen,
   da ich im Dunkeln gebildet ward,
   kunstvoll gewirkt in Erdentiefen.
16 Deine Augen sahen all meine Tage,
   in deinem Buche standen sie alle;
   sie wurden geschrieben, wurden gebildet,
   als noch keiner von ihnen da war.
17 Mir aber, wie schwer sind mir deine Gedanken,
   o Gott, wie gewaltig ist ihre Zahl!
18 Wollte ich sie zählen, ihrer wären mehr als der Sand;
   wenn ich aufwache, ist mein Sinn noch bei dir.
19 Ach wolltest du, Gott, den Frevler doch töten!
   Daß doch die Blutmenschen von mir wichen,
20 die freventlich dir widerstreben
   und deinen Namen mißbrauchen!
21 Sollte ich nicht hassen, o Herr, die dich hassen,
   nicht verabscheuen, die sich wider dich auflehnen?
22 Ich hasse sie mit vollkommenem Hasse,
   als Feinde gelten sie mir.
23 Erforsche mich, Gott, und erkenne mein Herz;
   prüfe mich und erkenne meine Gedanken.
24 Sieh, ob ich auf dem Wege zur Pein bin,
   und leite mich auf ewigem Wege!

                    Psalm 139 (Zürcher Übersetzung)

Acht Gesten: Ein promovierter Pfarrer im höheren Dienstrang wählt die Worte »auflegen« und »umgeben«. Als erste Geste

Bibliodrama – ein Modell wird besichtigt

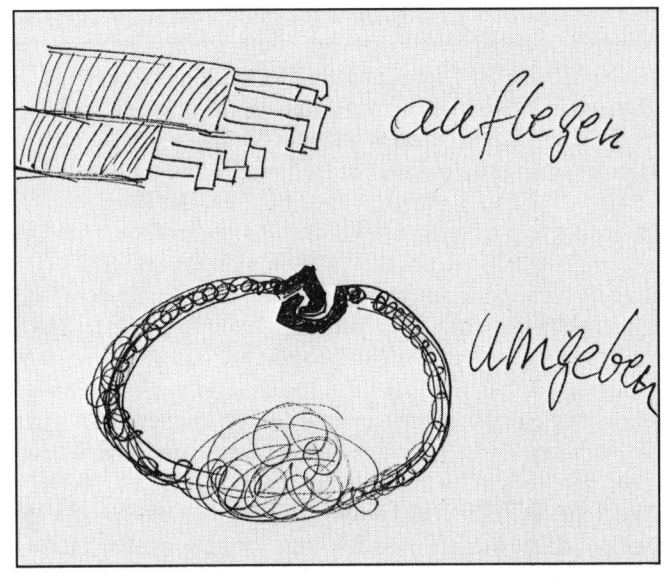

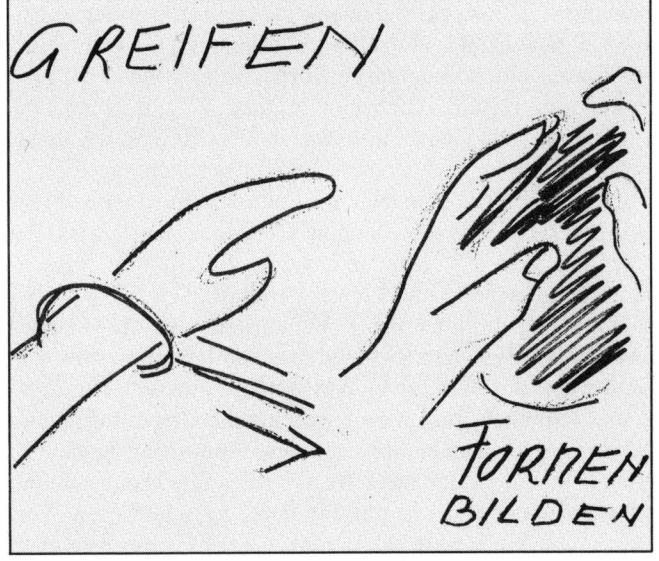

wählt er senkrecht und nach vorne einigermaßen weit ausgestreckte Arme und Hände, die mit einem gewissen Druck etwa zwanzig Zentimeter in Richtung Boden hinuntergehen. Für viele fühlt es sich an, als würde durch diese Form des Auflegens (»hast deine Hand auf mich gelegt«, V. 5) ein gewisser Druck von oben nach unten ausgeübt; jedenfalls kommt deutlich ein Gewicht auf denjenigen oder dasjenige zu, der oder das diese Handauflegung zu spüren bekommt. Ist es der Druck auch der eigenen Arbeitsbelastung, der Druck, der auf mir selbst lastet und entsprechend weitergegeben wird? – Die Geste des Umgebens wird so gestaltet, daß sich die Finger der beiden Hände ineinanderhaken und die Ellenbogen bei waagerechter Armhaltung deutlich einen Zug nach außen zeigen, eine dem »Auflegen« vergleichbare Anspannung in der Körpergeste, jedenfalls auch ein Bild des Eingeschlossenseins und des Zerrens, das die Einschließung um so fester macht.

Ein anderer Teilnehmer wählt die Worte »greifen« und »formen« oder (für ihn genauso wichtig, aber schon etwas jenseits der Spielregeln, weil er ein drittes Wort nennt) »bilden«. »Greifen« zeigt er so, daß er seine linke Hand ausstreckt, die rechte Hand um sein linkes Handgelenk faßt und sie vor dem Körper nach rechts wegzieht. »Formen«/»bilden« zeigt er so, daß beide Hände sanft einen imaginären Körper halten, ihn leicht gestalten und umkreisen. Auch hier erlaube ich mir einen ersten Kommentar: Die Geste zum Wort in Vers 10 (»So würde auch dort deine Hand mich *greifen*«) wirkt ziemlich aggressiv, die rechte, bewußtere Hand zieht die linke, offene, unbewußte fort aus ihrem Bereich in den eigenen. Die andere Geste wirkt demgegenüber liebenswürdig und warm. Rechts und links sind gleichmäßig sorgend und kreativ beschäftigt (V. 15: »...da ich im Dunkeln gebildet ward«). Verstärkten sich die Gesten im ersten Beispiel, so entsteht hier eine deutliche Polarität. – Die Mikroarbeit am Text, zwei Worte näher anzuschauen und zu veranschaulichen, bringt eine wesentliche Opposition im Text und vermutlich auch in dem, der diese Opposition gewählt hat, zum Ausdruck. In den zwei Worten, die ein einzelner Teilnehmer wählt, jedenfalls in der Fülle der verschiedenen Worte, Gesten und deren Kombinationen, die die Gruppe bringt, findet bereits ein erstes Mal das ganze Drama des Textes und der Teilnehmer statt.

Ein weiteres Beispiel für eine Polarität, die sehr oft auch eine Gefühlsambivalenz zum Ausdruck bringen kann: Ein Teilnehmer wählt »schwer« (V. 17: »Mir aber, wie schwer sind mir deine Gedanken...«) und dann »Flügel« (V. 9: »Nähme ich Flügel der Morgenröte...«). Bei »schwer« geht der Teilnehmer kniend auf den Boden, stützt sich mit den ausgestreckten Armen ab und läßt den Kopf hängen, bei »Flügel« hebt und senkt er in wellenförmiger Bewegung in aufrechter Haltung und mit ausgestreckten Armen die Ellenbogen; Unterarme und Hände schwingen bei dieser Bewegung mit. Hier ist *eine* Möglichkeit, das kleine Drama in der Abfolge der Gesten zu entdecken und auch in einer gegenläufigen Reihenfolge zu erproben. Natürlich werden die Worte gewöhnlich in einer unbewußten Abfolge, die keineswegs die Abfolge des Textes sein muß, in die Gruppe eingebracht. Aber es ist sehr einfach, im Spielprozeß zu verdeutlichen, welche Entscheidung bereits hier mitschwingen kann: Fange ich mit dem »schwer« an und starte dann durch? Das ginge in Richtung Komödie, vielleicht aber auch in Richtung »Flüchten statt Standhalten«. Was aber geschähe, wenn ich mit den »Flügeln« begönne und dann in die Position »schwer« käme? Würde hier ein Ikarus abstürzen?

Ein letztes Beispiel aus der Arbeit mit Worten und Gesten: Ein Teilnehmer wählt »umfangen« (»umschließen«) einerseits und »leuchten« andererseits. Beide Male steht er einigermaßen breitbeinig. Die Arme sind in der ersten Geste in einem großen Bogen um den Kopf herumgelegt; die Hände berühren sich über dem Kopf. Beim »leuchten« ist dieselbe Gestalt sehr viel offener. Die Arme sind wie große Schalenteile nach oben geöffnet. Die offenen Handflächen weisen in Kopfhöhe zueinander. Hier finden wir also noch einmal aus dem gleichen, diesmal einem durchaus positiven Formenkreis des Psalms zwei Gesten, die in einer deutlichen gegenseitigen Verstärkung stehen.

Ein kurzer Kommentar: Diese erste Übung hat, dies wollte ich an den vier Beispielen plausibel machen, den Vorteil, daß sie genauso unmittelbar wie mittelbar einen Zugang zum Text wie

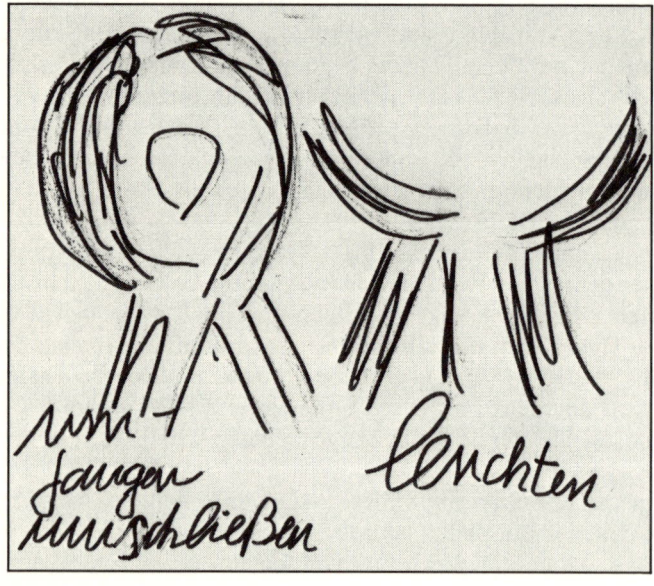

zur Situation der Teilnehmer ermöglicht; weiter sind die Teilnehmer sofort in einem Spiel als ganzheitlicherem Interaktions- und Erfahrungszusammenhang und in der Gruppe; denn es geht deutlich nicht darum, ästhetischen Standards zu genügen, besonders originell zu sein oder eine kleine Pantomime aufzuführen, sondern zwei Gesten *von sich* zu zeigen. Wobei auch das Klischee, auch die kleinste Geste, die sich kaum herauswagt, *meine Selbstmitteilung* ist. Wer seine Gesten einbringt, muß merken, daß auch die kleinsten Signale Beachtung finden. Der Bibliodramaleiter sollte gerade in dieser ersten Spielphase sehr darauf achten, daß die Teilnehmer wirklich die Impulse jeweils dessen, der seine Geste zeigt, aufnehmen und weder korrigieren noch frei variieren. Sie sollen sich an dieser Stelle empathisch einfühlen, freilich gegebenenfalls auch die Gelegenheit haben, kurz mitzuteilen, was sie – vielleicht im Gegensatz zu anderen – bei dieser Geste und der damit verbundenen Lautmalerei erleben (wie ich andere Menschen ja bisweilen dadurch besser verstehe oder auch erinnere, daß ich etwa einen typischen Gesichtszug oder einen typischen Gang imitiere).

Es ist kaum übertrieben, das Einbringen der ersten beiden Worte und Gesten in die Gruppe das wirkliche »coming out« der einzelnen Teilnehmer zu nennen, wobei dieses »coming out« durchaus geschützt ist und auch der Bibliodramaleiter dafür Verantwortung trägt, daß es nicht als gänzlich persönliche Mitteilung mißverstanden oder gar psychologisierend interpretiert wird! Hier ist ein zweites »Sicherheitsventil« dieses Arbeitsansatzes. Bibliodrama ist, immer und solange die Teilnehmer wollen, allenfalls *indirekt Selbsterfahrung*. Es werden zwei Worte des *Textes* gezeigt, und sie können jederzeit in den Text zurückgegeben werden. Trotzdem fällt natürlich bei der spielerischen Begegnung verschiedener Gesten zum selben Wort und erst recht in der Aufarbeitungsphase auf, daß verschiedene Teilnehmer zum selben Wort sehr verschiedene gestische Assoziationen und Gestaltungen haben. Aber auch diese Beobachtung muß nicht in den Gruppenprozeß hineinreflektiert werden, um dort stehenzubleiben, sondern sollte in den *Text* und seine Lektüremöglichkeiten zurückgebracht werden.

Im Bibliodrama wird also der biblische Text permanent in Bewegung gehalten, in sich selbst und mit dem Lebenstext der Teilnehmer verschränkt, verknüpft und verflochten. Dabei wird er aber gerade nicht verbraucht und gewissermaßen verschlissen; er wird nicht wie ein Sprungbrett benutzt hin zu einem allgemeineren Thema oder hinein in die Biographie, sondern aus all diesen Anverwandlungen und Transpositionen ersteht er neu wie ein Phönix aus der Asche. Solange für Christen die biblische Überlieferung mit ihrem Wirklichkeitsverständnis, mit ihrem Erfahrungshorizont Grundelement der Identität ist und sie dabei nicht gefangenhält, sondern freisetzt, werden (durchaus auch kritische) Gläubige den Bibeltext nicht soweit bearbeiten, daß er sich für sie erledigt (wie sie ihrerseits von ihm nicht absorbiert, um ihre Eigenständigkeit gebracht werden). In diesem Sinn mag es sogar angebracht sein, vom »heiligen Text« zu reden, was aber nicht heißt, daß ich den Text anbete, sondern daß er bei allen dimensionalen Verschiebungen, Verwerfungen, Neuentdeckungen, die ich im Lauf meines Lebens mit ihm mache, Gegenüber und Sinnhorizont bleibt.

Zurück zu der Behauptung, in den beiden ersten Worten und Gesten, die die Teilnehmer einbringen, fände ein »coming out« statt. Diese Behauptung wird bestärkt durch die Werkstatterfahrung, daß oft in der Schlußrunde des Seminars Teilnehmer anhand der Bewegung und der Erfahrungen, die sie mit diesen beiden Anfangsworten und Gesten über die Tage gemacht haben (wo sie konstant geblieben sind, wo sie sich grundsätzlich gewandelt haben), deutlich zu machen versuchen, wie es ihnen die ganzen Arbeitstage über ergangen ist.

Noch einmal zurück zu diesem ersten Spielimpuls: In der Aufarbeitungsphase geht das Gespräch gewöhnlich am Schluß ganz zum *Text* des Psalms zurück; und gerade so bleiben doch auch Fragen an den Gruppenprozeß: Welcher Text, welches Spiel könnte aus den ausgewählten Worten (noch) entstehen? Welche Worte wurden statistisch überdurchschnittlich oft gewählt, und welche Worte blieben gänzlich ohne Geste? Gerade im bibliodramatischen Spiel mit dem Psalm 139 kann man hier seine Überraschungen erleben. Nach 18 Versen vollster Geborgenheit platzt dieser Text mit sehr deutlichen Zorn- und Haßsignalen heraus: Frevler – töten – Blutmenschen – widerstreben – mißbrauchen – hassen – verabscheuen – auflehnen... All dies sind Stichworte, die sich für dramatische Gesten durchaus eignen, und doch werden sie oft völlig übergangen. Hier kann schnell eine sehr tiefe Diskussion über den Lebens- und Frömmigkeitsstil der Gruppe und des Psalms beginnen, bis hin zur harmlosen und nicht recht glaubwürdigen exegetischen »Lösung«, die Verse 19ff. gehörten ursprünglich gar nicht hierher und seien deutlich ein abzutrennender Textteil. Solch ein Verfahren spiegelt dann freilich nur die Abspaltungen im eigenen Leben! Selbst wenn die exegetische Plausibilität für solche Abspaltung historisch-kritisch groß wäre, müßte dennoch frömmigkeitsgeschichtlich und in diesem Sinne viel geschichtlich-kritischer daran gearbeitet werden, daß der Psalm über Jahrhunderte und Jahrtausende in dieser Textkombination überliefert worden ist und uns in dieser Gestalt erreicht hat!

Zur Erinnerung, zur weiteren Bearbeitung mit dem Zweck einer kleinen Dokumentation und Präsentsetzung der Gesten für den Fortgang des Gruppenprozesses kann die *Aufgabenstellung* sinnvoll sein, die beiden Gesten in einer Pause kurz zu skizzieren und die gewählten Worte sowie den eigenen Namen hinzuzufügen. Auf diese Weise wird noch weitgehender dafür gesorgt, daß nicht irgendeiner dieser Anfangsimpulse »verschenkt« wird; obendrein dienen solche Skizzierungen auch dem Erinnerungsvermögen des Bibliodramaleiters.

Ein zweiter Impuls: In dem Bibliodramaprozeß, der hier modellartig vorgestellt wird, geht auch der nächste Impuls von Worten beziehungsweise bestimmten Wortgruppen des Textes aus. Methodisch kann man sich dabei auf die Anfangsstufen der Textanalyse des französischen Strukturalismus berufen, wie sie Michel Clévenot in seiner Anleitung zu einer materialistischen Lektüre biblischer Texte (So kennen wir die Bibel nicht. München 1978) dargestellt und angewendet hat. Nach dieser Methode lassen sich einzelne Codes aus dem Gesamttext herausziehen, indem etwa nach den Subjekten der Handlung, nach den Ortsangaben, den Zeitangaben, den Tätigkeiten oder auch nach den Stichworten der sozio-religiösen Welt, der Herrschaft, der politischen und religiösen Symbole und Mythologien gefragt wird. Auch diese Textanalyse kann dazu verhelfen, Grundoppositionen und wesentliche Gefälle des Textes und der Gruppe zu entdecken. Man kann mit den Extrakten der Codes sehr verschiedene Spielaufgaben stellen, etwa ein Drama im Rahmen der Zeit- und Ortsangaben entstehen lassen.

Die Aufgabe, die hier näher erläutert werden soll, heißt: »Schreibe auf ein Blatt alle Ortsangaben im Psalm auf, wobei es sich um innere und äußere, geographische und mehr körperliche Orte handeln kann.« Auch bei der Lösung *dieser* Aufgabe geht es nicht um richtig oder falsch, wohl aber um eine möglichst große Vollständigkeit. Exemplarisch nenne ich den Auszug eines Teilnehmers: »Von ferne – all meine Wege – auf meiner Zunge – hinten und vorn – wohin gehen/fliehen – Himmel – Unterwelt – zuäußerst am Meer – Finsternis – im Mutterschoß – mein Gebein – im Dunkeln – in Erdentiefen – in deinem Buch – Weg zur Pein – ewiger Weg.«

Nachdem dieser Auszug erstellt ist, folgt die *Arbeitsaufgabe:* »Malt eine Landkarte des Psalms, in der möglichst alle Ortsangaben, die ihr herausgeschrieben habt, vorkommen.« Und dann entstehen Bilder in leuchtenden Farben oder auch monochrom oder Grau in Grau, Bilder, die den ganzen Kosmos zeigen, und mehr kartographisch gestaltete Skizzen mit wirklichen Wegen und schachbrettartigen Flächenmustern. Wiederum sind die Teilnehmer, die im Durchschnitt eine Stunde für sich allein an dieser Arbeit sitzen und Kommunikation allenfalls beim Austausch von Farbstiften eingehen, bei der nachträglichen Besprechung der Bilder überrascht, wie verschiedene »Lösungen« es angesichts der gleichen Aufgabenstellung des gleichen Textbestandes gibt. Wobei dann auch deutlich ist, daß alle *Landschafts*bilder auch *Seelen*bilder sind, die das Welt-Bild des Psalms genauso zum Vorschein bringen wie die innere Welt des Lesenden und Malenden.

Vier Bilder: Ich will versuchen, ein paar Bilder, die auf diese Weise zustande gekommen sind, etwas näher zu erläutern: Da wölbt sich auf dem einen Bild die braune Erde und streckt sich mit Bergen dem Himmel entgegen, zwischen Himmel und Erde ein breiter Streifen der Morgenröte, links die Sonne und rechts Mond, Sterne und Finsternis, und zu beiden Seiten das äußerste Meer; auf der Erde die Andeutung von Häusern und in der Mitte ein einziger großer Baum mit weitreichenden Wurzeln, unter denen in einem leuchtenden Gelb ein Embryo im Mutterleib gemalt ist, aber auch das »Reich der Toten«, eine Gruppe von Menschen in einem roten Boot, das die Farbe des Mutterleibes hat; und ganz oben im Himmel, umgeben von einer lila Farbzone, noch einmal ein Embryo: ein kosmisches Ganzheitsbild, in dem alles seinen Platz hat, in dem zu leben reich an Freude und Freiheit sein müßte. – Und dann, mit demselben Impuls und demselben Psalm, genau ein Gegenbild, ein labyrinthartiges Knäuel, rot und blau (präzise in den Farben der Kleidung, die die Malerin trägt), darum herum mit einer einzigen Öffnung ein schwarzer Zaun. Aus der Öffnung heraus gehen durch braunes Land zwei noch etwas stärker braun gemalte Wege hin zum Sand und zum Meer; aber über diesem Meer ist – links oben im Bild – eine schwarze Hand, die diesen Weg eher überschattet als beschützt. Dazu kommen als eine kaum angedeutete Alternative ein paar grüne Striche unter dem Zaun durch in die Gegenrichtung nach rechts unten – mit dem Kommentar der Malerin, der in jedem Falle wichtig ist und empathische Kommunikation über solch ein Bild allererst ermöglicht: Vielleicht sei der Zaun ja nicht so stabil, vielleicht führe doch ein grüner Trampelpfad in die Gegenrichtung, fort von der bedrohenden Hand. So wird bei der Präsentation der ersten beiden Bilder schon die ganze Ambivalenz von Geborgenheit und Schutz Gottes deutlich. Schutz kann umschlagen in Kontrolle, Lebensermöglichung kann Lebensbehinderung werden. In der thematischen Weiterarbeit ist die Frage unabwendbar, aus welcher Situation heraus der Psalm zu verstehen ist und wie er die Frömmigkeitsgeschichte mitgeprägt hat.

Neben der bereits genannten mehr kartographischen Lösung, die ich vorwiegend bei Männern beobachtet habe, möchte ich exemplarisch noch zwei dimensional andere Bildtypen nennen, die hier genausogut möglich sind und ihrerseits zur Interpretation des Psalms und der gegenwärtigen Glaubenserfahrung (oder seiner Verschüttung und Verzerrung) beitragen können: Eine Frau malt über das ganze Bild hingestreckt einen großen Leib mit ausgebreiteten Armen, einen Leib, der sich zwischen Himmel und Erde und von einem Meer zum anderen erstreckt; dieser Leib hat grüne und schwarze Wege, Farbkonzentrationen und Bereiche, in denen Organe wie Mutterleib, Herz und Zunge eingezeichnet sind; mitten in ihm in der Form eines flächig ausgebreiteten Kreuzes liegt ein grünes Totenreich. Eine andere Frau, die ihrerseits im Bereich der Meditation arbeitet, malt ein ganz zentriertes, aber auch vital pulsierendes Bild, das zugleich die größte Abstraktion vom Text darstellt: ein gelbes Zentrum, umgeben von immer weiter sich entfernenden Farbkreisen, auch einem schwarzen, wobei aus dem Zentrum heraus zwölf Strahlen oder Radien herausgehen, die mit den Kreisen ständig interferieren, so daß es einen lebendigen Austausch der Expansionsbewegungen und der Zentrierungsbewegungen gibt.

Wie schon angedeutet, muß der Versuch, *in der Aufarbeitung* Worte und dann auch Dialogbeiträge zu diesen Bildern zu finden, sehr vorsichtig in Gang gesetzt werden. Oft hilft der Vorschlag, zunächst nur zu beschreiben, wo der Maler/die Malerin das Bild begonnen hat, wie es entstanden ist und welche Gefühle mit dem Malen verbunden waren. Um auszuprobieren, was es zu diesem Bild zu sagen gibt und was andere in ihm sehen, ist zunächst eine Kleingruppenarbeit sehr anzuraten. Der Kleingruppe kann dann eine Bilderausstellung folgen, in der die Bilder in einen Kreis gelegt werden, um den die Gruppenteilnehmer betrachtend und nicht diskutierend herumschreiten. Erst dann gibt es ein längeres Gespräch über die Bilder in der Großgruppe, das darum bereichernd und befreiend wirken kann, weil Teilnehmer entdecken, daß die Landschaft des Psalms ähnlich, aber auch ganz anders als bei ihnen selbst dargestellt werden kann. So entsteht eine gemeinsame Entdeckungsreise; die Menschen und der Text kommen in Bewegung, Verabsolutierungen relativieren sich. Vielleicht verliert der Text durch wirkliches Hineinfinden in andere Bilder und die mit ihnen mitgeteilte Erfahrung das Gefängnishafte; vielleicht relativiert sich aber auch angesichts ganz anderer Bildvorstellungen die grundlos-glückliche und bisweilen schwer zu kommunizierende Gottes-, Welt- und Selbstbegeisterung.

Übrigens kann man mit diesen Landkarten durchaus, gegebenenfalls in einer späteren Phase, unter Umständen auch in einer Andacht oder Meditation, weiter arbeiten: Man kann sie nach innen holen, sie imaginieren, sich in sie »hineinversetzen« und seinen gegenwärtigen Ort und Spielraum darin auszumachen versuchen, seine und Gottes augenblicklich wirksame Grenzen markieren: Wo bin ich? Wo erwarte ich Gott? Wo ist er nicht? Wo soll er nicht sein? Wo rechne ich nicht mit ihm? Wo zieht sich Gott gar zurück, um mir Platz zu machen?

Mögliche Fortsetzungen: Nach der einigermaßen gründlichen Kommentierung der ersten beiden Impulse soll die Frage, wie diese Arbeit fortzusetzen sei, nur noch ansatzweise behandelt werden. Grundprinzipien der Arbeit sind bereits hinreichend entfaltet worden. Die nächste Aufgabe, die durchaus auch mit der Gruppe zusammen besprochen werden kann, hängt voll davon ab, welche Worte, welche Gesten und welche Bildmotive in die Gruppe eingebracht worden sind. Im Zuge eines Medienwechsels könnte es naheliegen, nun in der Großgruppe oder in kleineren Gruppen zu *spielen*; aber das Thema des Spiels ist ganz vom bisher geschehenen Ablauf des Bibliodramas abhängig. In einer Gruppensituation könnte es hilfreich sein, näher an den Ausdruck des Hasses zu kommen, etwa durch Dialoge mit oder Imagination von biblischen Figuren, bei denen Haßimpulse sehr wahrscheinlich waren: Esau, Mose, Saul, Judas... In einer anderen Gruppe kann das Thema »Enge und Weite« heißen, um näher an die Gefängnis-, Labyrinth-, Flucht- und Flugthematik heranzukommen; in anderen Prozessen mag es sinnvoll sein, nach den Subjekten im Text zu fragen, die deutlich auf drei beschränkt sind: das Ich des Beters, das Du Gottes und die Feinde. Dann wäre die Arbeitsaufgabe, Szenen in dieser Dreierkonstellation zu improvisieren und etwas aus der Improvisationsarbeit ins anschließende Plenum einzubringen. Auch nach dieser Arbeitsphase würde man sich zunächst über das Gesehene und Gehörte und im Spiel Gemeinte unterhalten und dann das Gespräch wieder auf den Psalm selbst zurücklenken. Fragen könnten etwa sein: Wie bedrängt, wie schutzbedürftig ist der Beter im Spiel/im Psalm? Wer sind die Feinde? Wer und was macht sie zu Feinden? Wer provoziert wen? Wo, in welcher Entfernung, steht Gott? Wie lange schaut er sich dieses unglückliche Zusammenspiel von Beter und Feinden an, ohne eingreifen zu können/zu wollen? Wie hat die Gruppe die Rollen rein statistisch verteilt? (Es kann passieren, daß ein einziger Beter von einer Unzahl von »Göttern« gegen einen einzigen Feind abgeschirmt wird.) Im Laufe der Arbeit kann so immer klarer werden, wie spannungsreich der Psalm 139 ist, daß er genauso Geborgenheit wie Grundangst ausdrückt; und sowohl zum Verständnis seiner Entstehung wie zur Erhellung gegenwärtiger Frömmigkeit kann deutlich werden, daß dieser Psalm nicht nur oder wesentlich ein geradezu überschwengliches Geborgenheitsgefühl, sondern ebenso die Erfahrung radikaler Gottesferne zum Ausdruck bringt. Nur so wird auch die Haßeskapade im letzten Drittel des Psalms verstehbar – als Wutausbruch, als Delegation des machtlosen Zorns an den allmächtigen Gott. Wer im bibliodramatischen Prozeß den religiösen und politisch relevanten Dimensionen von Geborgenheit und Grundangst, von narzißtischen und aggressiven Impulsen soweit gefolgt ist, kann am Text schließlich eine letzte und keineswegs unwichtige Entdeckung machen: Ganz am Schluß nämlich wird Gott nicht als die Agentur meines machtlosen Hasses angerufen, sondern als der, der die Herzen erforscht.

Schluß: Einige Grundparolen des Bibliodramas

1. *»Small is beautiful«* oder *»Keine Materialschlacht, kein kreativer Ausverkauf«*. Arbeite im Mikrobereich, achte auf die zahlreichen Signale, die sich beim geringsten Impuls zeigen. Es sind eher zuviele als zuwenige! Du mußt sie nur wahrzunehmen lernen und lehren. »Small is beautiful« heißt für die kreative Phase als Grundspielregel: eher eine einzige Bewegung statt einer ausgebauten Szene, eher Wiederholung und Varianten einer kurzen Sequenz als Einfall auf Einfall; Gestaltungen eher in Richtung Struktur und Ritus als in Richtung verspielt-ausufernder Improvisation.

2. »*Slow down*« oder »Verlangsamung des Rezeptionsprozesses« (Tim Schramm). Bibliodrama ist, von der Körperarbeit an, ein *Ein- und Innehalten*. Ohne sich Zeit zu nehmen und ohne Zeitlupe im Vorangehen ist Bibliodrama unmöglich. Weil überall hinreichende und wesentliche Signale gesendet werden und zu empfangen sind, kann ich im Grunde an jedem beliebig kleinen Text- oder Erfahrungsausschnitt intensiv und lange arbeiten.

3. »Small is beautiful« und »Slow down« zusammen befördern und verlangen die *Liebe zum Detail*; in der *Arbeit* am Detail aber steckt immer auch die Herausforderung, *analytisch*, zerlegend tätig zu sein, einzelnes zu sondieren und es erst hernach und verwandelt wieder in die Ganzheit, aus der es genommen ist, zurückzubringen. Ich »koste« Worte einzeln, die ich bisher nur im Zusammenhang bemerkt oder in ihm gerade überhört habe. Das Detail wird bewußter und frei beweglich (es wird »resymbolisiert«, befreit aus der Neutralisierung und aus den Klischees).

4. Arbeit und Spiel mit dem Detail, im Mikrobereich und in Zeitlupe sind – wie bereits angedeutet – auch durch das Stichwort *Transposition* (Umsetzung, Übersetzung, Verwandlung) zu charakterisieren. Das Ich und das Wir gehen mit dem Text, seinen Worten, seinen Personen, seinen Situationen Schritt für Schritt voran, zur Seite, zurück durch verschiedene Medien hindurch. In diesem Sinne ist Bibliodrama eine rituelle Begehung, ein Prozeß als Prozession von Station zu Station. In unserem Modell: vom Gesamttextbestand zu zwei Worten, mit zwei Worten zu zwei Gesten und zur freien Interaktion – vom Gesamttext zu einem bestimmten Code und von ihm zu einer Landkarte, von ihr zu beschreibenden Sätzen ihrer Entstehung in der Kleingruppe und zum Austausch im Plenum – von den Subjekten des Textes zu Rollen im Spielprozeß, von einer Rolle zur anderen...

5. *Es gibt keine Bibliodrama-Schule*, allenfalls eine Bibliodrama-»Universität« mit vielen ausdifferenzierten Fachgebieten, von denen das jeweilige Bibliodrama-Team einige gründlicher kennen sollte: biblische Theologie – Körperarbeit – Musik und Rhythmus – Text- und Zeichenwissenschaften – humanisti-

sche Psychologie... Leitsätze bibliodramatischen Kompetenzgewinns heißen: Finde deinen eigenen Weg und Stil mehrdimensionaler Bibelarbeit. Laß dich auf *eine* Zugangsweise wenigstens ein halbes oder ein ganzes Jahr ein, lerne sie von innen kennen, beginne dann, sie zu vermitteln, und lerne sie dadurch auch im Austausch mit Teilnehmern und Supervisoren noch besser kennen (learning by doing). Beschäftige dich dann vergleichbar gründlich mit einem ganz anderen Zugang usw. (life long learning). So wirst du nie dein Konto überziehen und deine eigene Synthese finden. So wird das Bibliodrama frei bleiben von Epigonen und schlechten Kopien.

Heidemarie Langer
Bibliodrama als Prozeß

Eine Gruppe von Menschen versammelt sich um einen biblischen Text, um sich mit ihm zu befassen, ihn zu erleben: Zusammenspiel, indem Menschen in die Geschichte hineingehen, sich mit ihr auseinandersetzen, entstehendes Geschehen mit allen Sinnen durchleben. Prozesse, die gleichzeitig auf vielen Ebenen zwischen Menschen und Geschichte laufen, Schichten wie Ebenen, die Vergangenes gegenwärtigen. Komposition, die geschieht und entsteht.

Wenn es so ist, daß das Wesen des Bibliodramas eher der Komposition im Jetzt gleicht, wie soll ich dann ihr Ganzes, lebendig Gefügtes in die Grenze chronologischer Sprache einebnen, wie ihre Prozesse beschreiben? Als sich mir diese Unmöglichkeit stellte, träumte ich, daß ich am Boden sitze und Rahmen zusammenstelle, blaue Rahmen. Arbeiten wir also im Rahmen einer Geschichte und fügen uns zusammen.

Doch wo beginnt sie? Sie lebt lange, bevor eine Gruppe zusammenkommt; und ich erfahre immer wieder, daß ich die drei, vier Tage eigentlich nur in einen bereits laufenden, vielschichtigen Prozeß einsteige.

Die Menschen kommen, weil sie das Thema der Geschichte anspricht. Frauen und Männer aus unterschiedlichen kulturellen wie sozialen Rahmen, verschieden in Alter, Lebenserfahrung und Einstellung, verschieden geprägt auch von biblischen Texten und deren Interpretationen. Welche ihrer Lebensthemen werden in unserem Zusammentreffen mit diesem Text angesprochen, welche Schichten werden berührt, was geschieht zwischen Menschen in Begegnungen im Rahmen der gewählten Geschichte?

Auch der Text, in den wir uns begeben, hat lange Prozesse hinter sich, bewegt sich weiter. Irgendwann ist diese Geschichte geschehen, diese Begegnung zwischen dem Göttlichen und dem Menschlichen, zwischen Mensch und Schöpfung. Sie war eine so intensive Begegnung, daß sie immer weiter erzählt wurde, immer wieder und immer weiter. Und ich vermute, daß sie dabei so erzählt worden ist, daß immer wieder etwas von ihrem Ursprünglichen aufleuchtete; daß sie so erzählt worden ist, daß sie im Erzählen hinzugelebt wurde, neu geschah und sich ihr Ursprung im Jetzt offenbarte (Bibliodrama der Textentstehung).

Irgendwann dann hat ihn jemand aufgeschrieben. Und viel später noch wurde er rückwirkend gelesen, gedeutet, interpretiert, kommentiert; Bewußtseinsstufe des Analysierens, Kategorisierens, Stufen unseres Denkens.

Im Bibliodrama kommt dieser Text nun wieder in zusammenfügende Bewegung; öffnet sich Raum für Schichten wie entstehende Prozesse; geschieht Begegnung, die Erfahrungen durch die Zeiten hindurch im Jetzt integriert. Es ist eine Komposition. Und oft denke ich: Wir sind wie Spielende eines Orchesters, wie eine Musikgruppe, die sich, um die Gesetzmäßigkeiten ihrer Instrumente und der Musik wohl wissend, zusammenfindet, um ein Grundmotiv spielerisch zu entdecken, zu entfalten. Bibliodrama entsteht um das Grundmotiv einer biblischen Geschichte herum mit dem Instrument, das wir selbst sind: mit dem Instrument unserer Stimmen, mit dem Instrument unserer Empfindungen und Gedanken, dem Instrument unseres geistigen Jetzt-hier-Seins. Wir sind die Instrumente und spielen in den wesentlichen Motiven der Geschichte so, daß immer neue Variationen hervorkommen, wir selbst immer tiefer hineinkommen. Und manchmal weiten wir uns so aus, daß wir meinen: Das hat doch mit dem Grundtenor der Geschichte gar nichts mehr zu tun; sicher sind wir aus dem Rahmen gefallen. Und entdecken nach einem Tag, einer Nacht, daß dieses Erleben genau das äußerste Ende der Geschichte selbst war, das uns dann eben zur Mitte führte. Immer die Geschichte. Immer sprengt sie den Rahmen und geschieht.

Als Bibliodrama-Leiterin bin ich Teilnehmende am Geschehen um das Grundmotiv der Geschichte, lasse mich leiten und leite selbst; mittelnd zwischen Text und Gruppe; und so es gut geht, bin ich dabei in der Mitte, nicht dazwischen.

Doch was prägt die Wahrnehmung, mein Augenmerk? Wir sind keine theologische oder psychologische Schule, die sich inhaltlich wie methodisch durch spezifische Variablen kennzeichnet. Unsere Arbeitsweise ist durch unsere jeweilige Persönlichkeit geprägt, durch unsere Biographie.

Entsprechend halte ich es für wichtig, daß wir uns unser Gewordensein verdeutlichen, damit wir in unseren erkenntnisleitenden Interessen und Motiven einsehbar sind, durchschaubar auch in den Methoden, die wir wählen und verantworten. So werde ich Ihnen also Biographie zumuten, die meine Ansätze im Bibliodrama begründen. Und ich bin mir darüber im klaren, daß ich damit ungeschützten Boden betrete. Doch wie sollen wir uns sonst verstehen, befragen, abgrenzen und aushalten? Verstehen Sie also bitte die folgenden Beschreibungen meiner Biographie als Wurzeln und Ansätze im Bibliodrama.

Denn: Wieso spiele ich das, leite das? Seit wann?

Wie viele von uns bin ich mit biblischen Geschichten und Gestalten aufgewachsen, in sie hineingewachsen, bin mit ihnen und ihren Bewertungen identifiziert, in Psyche und Verhalten durch sie bestimmt worden. Es war, wie für viele von uns, eine eher strenge, preußische Interpretation, die nicht gerade vor Euangellion strotzte. Lernen durch Identifikation, inwendig eingesogen; als Kind hast du keine Wahl. »Na, du Schlange...«, »die kleine Eva...«

Wie viele von uns wurde ich ein braves, bedrücktes Bürgermädchen mit einem entsprechend herrschenden Gottesbild. Daneben gab es durch die katholische Seite der Großeltern zuzeiten einen Gott in vielen Farben, den man riechen konnte und der in einer gesonderten Höhle in der Kirche eine Mutter hatte.

Ich habe Theologie studiert, mußte sie schlichtweg studieren. Denn ich ahnte durch die gesamte Erziehung hindurch, daß es ein Mehr geben mußte. Und immer dort, wo ich sinnenhaft leben durfte, in Musik, Natur, Literatur und Philosophie, kam mir dieses Mehr über alle Sinne immer wieder entgegen. Immer dort. Doch ich wollte den Gott des Lebendigen, den Gott der Liebe, befreiende Botschaft auch in der Kirche suchen und auch in der Bibel finden.

Ich habe Theologie studiert und viel Auseinandernehmen kennengelernt; und meine Seele verlangte nach Zusammenfügen. Ich habe das Analysieren, Objektivieren und Abstrahieren kennengelernt, und meine Seele schrie nach einer lebendigen Begegnung mit dem Göttlichen und Menschlichen. Sie rief nach dem Lebendigen, aber das war nicht wissenschaftlich. Sezierter Gott-Mensch. Ich habe viel studiert, ich habe wenig gelernt.

Gelernt habe ich immer da, wo mir ein Mensch entgegentrat und Begegnung geschah im spürenden Wissen: Der meint, was er sagt, und das bedeutet ihm viel. Einmal Professor Donner. Er las die Alttestamentliche Schöpfungsgeschichte. Der Saal voller Theologiestudenten, die alle schon wußten, daß man die hebräische Bibel von hinten aufschlägt. Er kommt herein, stellt sich vor uns und sagt die Worte in den Raum. Und ich sage Ihnen: Es waren Worte!

Ich habe erlebt, wie ein Wort einen Raum völlig verändern kann. »Be'reschid«, am Anfang. Als würde er uns das kostbarste Kunstwerk der Welt zeigen; als hätte er das Privileg, uns jetzt einmalig dieses Wunderwerk hochzuhalten: »Be'reschid«, seht doch mal, hört doch. Und da war Kraft, war Macht, Erschaffung im Wort durch es selbst; und ich wußte: Da ist es, da ist dieses Mehr.

Doch genügten Momente von Ergriffensein nicht, um mich auf den Weg zu bringen. Ergriffensein braucht Geerdetsein. Doch am Boden hielten mich soziale wie theologische Vorstellungen von Frausein und Mensch, die mein Bewußtsein und Handeln einschränkten, gefangenhielten. Wie durch die alten Geschichten hindurch Befreiungswege finden?

Im Theologiestudium gab es sie nicht, nicht für mich. Ich studierte Kommunikation und fand endlich in Kursen der humanistischen Psychologie einen Raum und Rahmen, der Lösungen öffnete: die Methode der Identifikation. Ich lernte, wie Bewegung und Befreiung geschieht, indem ich mich bewußt in vorher fremdbestimmte Identifizierungen hineinbegebe, sie durcharbeite, durchlebe. Ich erlebte, wie vorher nicht bewußte Wirkungen der Geschichten und Gestalten sich im Aneignen lösten und offen wurden für Umwandlung. Sich einlassen, erfahren, absetzen, auseinandersetzen. Erleben, wie dieselbe Gestalt und Geschichte auch anders gefüllt, gedeutet werden kann; sich aus früheren Festlegungen herausexperimentieren, spielerisch Freude am Anderssein lernen, seelisch wie geistig über sich selbst hinauswachsen: Das wirkt, eröffnet die Methode der Identifikation. Von Kindheit an durch sie erzogen, wird sie, bewußt erwachsen, als Kraft zur Selbstbestimmung ins Spiel gebracht.

In diesen Kursen lebte ich mein eigenes Bibliodrama, ohne daß ich es so nannte und wußte, indem ich mich durch prägende biblische Gestalten und Geschichten hindurcharbeitete. Die einverleibte Eva, Maria, Heilige wie Hure. Nicht selten dafür in den Gruppen verlacht, weil andere dies elementare Interesse am biblischen Aufarbeiten nicht kannten. Die mit dem religiösen Tick. Die mit ekklesiogener Neurose. Und manchmal kam ich mir selbst so vor, fühlte mich anderen gegenüber minderwertig, die ihren eigenen aufarbeitenden Weg anscheinend rein denkerisch finden konnten. Ich war anders, mußte mich hindurchspielen, herausspielen, hindurchleben.

Aber warum gab es für mich nur die Therapiemöglichkeit? Was tun wir uns da an, daß wir das Innigste und Intimste, die Beziehung und Identität zwischen Göttlichem und Menschlichem, in einer Therapie bearbeiten müssen! Und erst langsam bricht mein Zorn darüber auf, daß ich Klientin wurde und mich mit meinem Lebendigsten und Innigsten krank stigmatisieren mußte, weil ich in Kirche und Theologie dafür keine Befreiungswege, keinen befreienden Raum fand. Da ist nicht der betroffene Mensch ver-rückt, da geschieht Unrecht.

Diese Jahre, vor allem durch die Methoden der Identifikation, entwickelten erste Ideen, Ansätze meines Bibliodramas. Frucht, Geschenk, wie nebenbei, eher selbstverständlich.

»Welche Frau, die zehn Drachmen hat, zündet nicht, wenn sie eine Drachme verliert, ein Licht an und kehrt das Haus und sucht mit Fleiß, bis sie sie findet« (Lukas 15,8).

Ich habe in der Therapie einen Menschen erlebt, der für mich in einer Weise, wie ich nun Bibliodrama zu leiten versuche, mir wie ein inneres Vorbild auftaucht. Und ich denke, daß wir alle irgendwo einmal ein Vorbild erlebt haben müssen, das uns später zu innerem Leitbild wird.

Mein Lehrer war ein amerikanischer Jude, der so viel durchlitten hatte, daß er einmal oder zweimal im Jahr in das Land seiner Verfolger kommen mußte, von seiner Seele in dieses Land getrieben wurde, um mit den Kindern seiner Verfolger zu arbeiten. Er heißt John Brinley. Er ist tot. Wer ihn aus der Gestaltarbeit kennt, weiß, daß er mit der Gruppe einen geistigen Raum gestaltete. Dieser Raum lebte von folgenden Variablen: Präsenz, Aufmerksamkeit, Konzentration, liebevolle Hingabe, klärendes, eindeutiges, klares Dasein, keine Gewaltanwendung. Es gab keinen sichereren Raum auf der Welt als jetzt gerade diesen, in dem wir arbeiteten. Alles ist erlaubt, alles kann kommen in den Variablen, die ich eben erwähnte. Und noch eines: Wer die Frage hat, hat auch die Lösung, und die ist im Raum, sie ist nur noch nicht sichtbar oder hörbar.

John Brinley war für mich, wie ich heute durch diese biblische Geschichte aus Lukas 15 erkenne, diese Frau, die mit dem Gefundenen identifiziert war und nicht nur mit dem Verlorenen und die mit einer großen leuchtenden Gewißheit wußte: Es ist in diesem Raum, es ist in diesem Haus, und wir kehren mit Genauigkeit alles durch und beleuchten, durchleuchten und klären in dieser ausdauernden, beharrlichen guten Gewißheit. Das, was verloren ist, ist im Haus und wird wiedergefunden, und du bist es, und wir wußten nie, wer ist DU, und wußten es immer.

Ich kam später in der Therapie an Grenzen, wertvolle Grenzen, und erlebte, wie Bilder die eigene biographische Geschichte umlagern, sich in Symbolen vertiefen und Grunderfahrungen öffnen, die durch die eigene Geschichtlichkeit hindurch in Räume führen, allen eigen und ganz selbst. Urszenen also, Urgestalten, Motive, aus denen wir kommen. Also sind wir diese alten Geschichten, innen wie außen von alters her in uns lebend, ein in uns lebendes, frei schwimmendes, auftauchendes Wissen. Hinschauen, Kennenlernen, Wählen, Integrieren.

Die Kurse und Therapien der humanistischen Psychologie waren der Anfang. Befreiung aber brauchte die Spiralbewegung zum Kontext der Theologie und brauchte die Gemeinschaft der ähnlichen.

1979 gab es in Bad Boll die erste Werkstatt Feministische Theologie. Viele Theologinnen aus der Bundesrepublik, der Schweiz, den Niederlanden und Österreich trafen sich, um ihre Anfragen und Ansätze auszutauschen. Ich selbst war skeptisch, befürchtete erneute Aufspaltung, alte Fehler in neuen Kategorien. Und wurde überrascht. Ja, ich konnte meinen Ohren kaum trauen, als ich in einer kleinen Gruppe von Theologinnen, Pastorinnen von ihren Geschichten mit den biblischen Geschichten sprechen hörte. »Welche Frau, die zehn Drachmen hat und eine davon verliert...« Da waren sie ja, da waren ähnliche, da waren Lebensgeschichten, Beziehungen, Begegnungen, und im Raum diese Offenheit des Geistes, die ein Wir entstehen ließ.

»Wenn sie sie aber gefunden hat, ruft sie ihre Nachbarinnen und Freundinnen zusammen und sagt: Freut euch mit mir, denn die Drachme, die ich verloren hatte, ist wiedergefunden worden« (Lukas 15,9).

Ich war nicht krank und nicht vereinzelt. Ich war heil und gut wie die anderen und gehörte dazu. In dieser Gruppe wagte ich, die mir innigste Geschichte mitzuteilen, die mich in ihrem Gehalt schon immer zutiefst bewegte, und erzählte ihnen, was mir die Frauen am Kreuz bedeuten, die geblieben sind, die Frauen am Grab, die sich einließen und denen Auferstehung geschah. Niemand befragte mich mit objektivierender Sachlichkeit und niemand lachte mich aus. Statt dessen stiegen sie mit ein in dieses Gespräch, gingen mit, erinnerten sich, erzählten von Unterschieden und Ähnlichkeiten, ließen sich ein. Da fing die Geschichte an zwischen uns zu spielen und wir mit ihr, und sie entstand im Raum, wie wir uns eingaben. Es war das erste bewußte Bibliodrama, das ich erlebte, und es geschah mit Betroffenen als gesegneter Anfang mit ähnlichen.

Nach diesem Erleben, das ich initiatisch nenne, fing ich an, mit Herz und Verstand Theologie zu studieren, allein und in Gemeinschaft. Existentiell betroffen, waren wir neugierig geworden auf kritisches Befragen überkommener Interpretationen, neugierig auf eigene Forschungen, neugierig auf Urtexte, vergessene Geschichten, verlorene Inhalte wie Ebenen. Wo ist die Drachme, welche Kostbarkeiten liegen wo noch im Dunkeln? Durch viele Schichten sich hindurcharbeiten zu alten Wurzeln, aus denen neue Orientierungskräfte erwachsen. Es war und ist Befreiungsarbeit von Betroffenen, die Schutt wegräumen und Wege bereiten für das Licht und Ströme lebendigen Wassers; und sicherlich prägen diese Forschungen mein Bibliodrama, das nun Frauen und Männer gemeinsam meint.

Diese theologische Arbeit, die historische wie sozialpolitische wie tiefenpsychologische Ebenen kennt, das Emotionelle, Körperliche und Geistige meint, hat mich über die Jahre immer stärker mit anderen Befreiungsbewegungen verbunden. Das eigene Haus, die Such-, dann die Findungsbewegung findet sich wieder im Haus der Welt, erlebt sich verbunden in der Ökumene. Im ökumenischen Verbundensein erfahre ich nicht nur Heraus-Forderung, sondern erlebe die eigene kulturelle Bedingtheit, erfahre auch neu Bibliodrama als kulturelle Eigenheit wie Notwendigkeit:

Wir, die isolierte, getrennte Gesellschaft, und hier geschieht verbindende Bewegung im Sinne von Heilen und Verbindung im Sinne von Verknüpfung, Zusammenhang. Wir, die Leiblosen und sich sinnenlos Erfahrenden, und hier geschieht Sinnenhaftigkeit und darin Offenheit für Übersinnliches. Wir, ohne Klärung in Wurzeln und daher unklar in Orientierung, und hier gehen wir durch die Schichten der Geschichten hindurch in den Raum, der Perspektive eröffnet.

In der interkulturellen Begegnung mit Frauen und Männern lerne ich sie kennen und unsere eigene Unterschiedlichkeit, lerne auch schmerzlich wie humorvoll uns selbst als kulturell Geprägte befreien.

Wenn du nach außen willst, laß dich nach innen;
wenn du nach innen strebst, spann deinen Bogen.

Die Findungsgeschichte von der Frau mit dem verlorenen Groschen aus Lukas 15 meint nicht nur das Haus der größeren

Geschichte, die Ökumene, sondern sicherlich auch das Haus des Körpers, Geschichte im Innen, Körper als Tempel des Geistes.

Über die Jahre habe ich bei Verena und Arnold van Ogtrop im Meditationszentrum an der Ostsee und bei Frieder Anders in Frankfurt meditative Übungen kennengelernt, eutonische Körperarbeit wie Atmungen, die in diese wohltuenden Daseinshaltungen führen, wo die Psyche einmal harmonisiert zur Ruhe kommt oder genau mit dem genährt wird, was sie braucht. Über diese Übungen bin ich in Bewußtseinsräume hineingekommen, Räume dieses Hauses, die weit über mich hinaus sind und gerade da vielleicht erst ich, und die gleichzeitig ganz weit und tief in mir innen sind. Manche nennen diese Bereiche, in die das Bewußtsein einmünden, den Bereich des Selbst oder das spirituelle Reich. Wenn es geschieht, weißt du gleichzeitig und sehr genau, daß es hier eigentlich erst anfängt.

Das ist nicht zu predigen und nicht zu erzählen, das ist nur zu erleben, da es die Worte nicht fassen. Und ich denke, es ist ein wesentliches Moment unserer Arbeit, die spürbare Predigt des geistigen Raumes zu gestalten, der wir sind, aus dem wir kommen und in den wir bewußt hineinwachsen. Das Erlebnis solcher Bewußtseinsräume, ganz direkte, unmittelbare Beziehung zwischen Körper und Geist, ist dann so direkt, daß ich manchmal nicht weiß, ob unser Bibliodrama nicht vielleicht doch nur ein notwendiger, liebenswerter Umweg ist.

Jahre mit den Übungen, für mich persönlich, noch ohne Integration in der Arbeit. Manchmal geschah es, daß mir während einer Körperübung oder gleich danach ein Wort entgegenkam. Wieso? Zum Beispiel übte ich am Liegen, am Fuß, dann am Stehen, ging nach langer Zeit erste Schritte, und es schoß durch mich hindurch: Dein Wort ist meines Fußes Leuchte. Woher? Sollte ich vielleicht das so auswendig Gelernte in weiser Weise gespeichert haben? Könnte es sein, daß mein Körper all die biblischen Verse so gelernt hat, daß er nicht nur gelähmt wurde davon, sondern jetzt, wo belebt, an eben den Stellen sie zur Sprache bringt? Das Wort ward Fleisch und ward Geist; es wurde spannend. Lange Zeit habe ich dann den umgekehrten Weg probiert. Ich las Psalmen, die voller Leiblichkeit sind und aus einer Zeit stammen, wo unser jetzt getrenntes Körper-Seele-Geist-Gefüge noch geeint leben konnte. Bewußt habe ich zu den wunderbaren sprachlichen Ausdrücken der Psalmen Übungen gefunden, eigene geistig-körperliche Übungsprogramme entwickelt, die mich dem Ganzen näherten.

Wir kommen ja aus einer Tradition, in der es keinen geistigen Schulungsweg mehr gibt. Aber ich möchte doch nicht nur im Bereich des Körperwissens weiterkommen, nicht nur im Bereich des Psychischen, nicht nur im Bereich des logischen Denkens; ich möchte doch auch in das Reich des Geistigen kommen. Wir wissen: Geist geht und weht durch alles hindurch. Und doch kennt er eigene Gesetzmäßigkeiten und Übungswege. Was dann ist unser geistiger Übungsweg?

Ich entdecke die Gesetzmäßigkeit und Weisheit der Wiederholung und Kontinuität.

Elisabeth Moltmann, Herta Leistner und ich bekamen die Aufgabe, beim Kirchentag eine Bibelarbeit zur Mirjam zu gestalten. Ich habe erlebt, was es bedeutet, ein dreiviertel Jahr in der Vorbereitung mit einem Text zu wandern. Ein dreiviertel Jahr mit den Fragen: Was heißt Ägypten, was heißt Auszug, was heißt Weg, Schilfmeer, Wüste? Was ist die Vision Feuer-Säule und Nebel? Ein dreiviertel Jahr immer der Text, und abends den Tag durch die Folie der Geschichte reflektieren. Durch Kontinuität und Gleichmäßigkeit der Fragen öffnete sich mir die Geschichte wie das Meer selbst, und ich lernte, diese alte Form immer mehr auszufüllen. Von dieser Zeit lernte ich die Kostbarkeit der Wiederholung, in der Orientierung entsteht. Ob wir es nun wollen oder nicht: Wir sind eine zerstreute, zersplitterte, hektische Kultur. Wagen wir es, über einen langen Zeitraum an einem Gedanken, einer Geschichte dranzubleiben, so geschieht die Gnade eines Leitbildes, eines Leitgedankens, einer Leitidee. Wird sie immer mehr nach innen genommen und außen gelebt, entwickelt sie sich zu innerer Leitung, zum Leitfaden göttlicher Idee. Auch die monastische Tradition im Christlichen kennt die Weisung, über lange Zeit in immer dieselbe alte Form hineinzugehen, sie zu durchleben, sie zu erfüllen. Geist baut den Körper, Körper den Geist.

Was heißt das für mein Bibliodrama? Hier leben wir, erfahren Erlebnis und Erkenntnis, ein Integrieren stellt sich als Aufgabe. Derzeit arbeite ich mit einer Gruppe kontinuierlich an einem biblischen Text im Zeitraum eines halben Jahres. Wir treffen uns an fünf Wochenenden zu immer demselben biblischen Text. Neben der Möglichkeit, die verschiedensten Ebenen einer Geschichte im Geistigen wie Politischen kennenzulernen, erarbeite ich mit den Menschen, die daran Interesse haben, aus dem Text selbst heraus Motive und Gedanken, die sie wie Mantras oder Leitworte im Alltag als Übung begleiten können. Dies ist ein Versuch, der Frage nachzugehen, die wir uns sonst immer nach einem Bibliodrama stellen: Was nun? Natürlich sollen wir es Gott überlassen, was dann geschieht mit den Menschen, aber wir sollen auch mitschöpfen und mitverantworten.

Für diese geistigen Übungswege geben uns die biblischen Geschichten selbst Antworten und Hinweise. Auch hier kommt mir die Geschichte meiner geliebten Frau mit der verlorenen Drachme entgegen, die von innen gelesen eine Meditationsanweisung darstellt: Identifikation mit dem Ziel, Ausdauer, Beharrlichkeit, Konzentration, liebevolles Einkehren, reinigen, kehren, umkehren; Reinigungsatmung, Lichtatmung, Lichtbegegnung.

Wenn ich in einen organisierten Bibliodramaprozeß mit einer Gruppe von Menschen hineingehe, dann komme ich mit den Erfahrungen, von denen ich jetzt erzählt habe. Zur Vorbereitung lebe ich entsprechend über Monate und Wochen mit dem Text, sie ist für mich Vorbereitung wie Übungsweg. Anders könnte ich kein Bibliodrama leiten, ohne nicht den Anspruch zu tun und zu spüren, eine geistige Frau zu sein und zu werden, ein Gedanke Gottes, ein gutes Instrument mit vielen Fehlern.

»Als der Groschen fiel, wußte sie, was sie verloren hatte«
Bibliodrama zur Geschichte vom verlorenen Groschen
Lukas 15,8–10

Ich möchte Ihnen nur ein Beispiel eines Bibliodramas mit Frauen erzählen. Wir Frauen arbeiten gern mit Geschichten aus dem Alten und Neuen Testament, die mit zu den verlorengegangenen Kostbarkeiten gehören, da sie wenig erzählt, gepredigt oder nur in einseitiger Weise interpretiert worden sind. Diese Geschichte in Lukas 15 gehört dazu. Viel wissen wir vom Gleichnis vom verlorenen Schaf und dem der verlorenen Söhne. Doch zwischen diesen beiden findet sich diese kleine, weniger beachtete, die ich schon in meinem Eingangsteil zitierte.

»Und welche Frau, die zehn Drachmen hat, zündet nicht, wenn sie eine Drachme verliert, ein Licht an und kehrt das Haus und sucht mit Fleiß, bis sie sie findet? Und wenn sie sie gefunden hat, ruft sie ihre Freundinnen und Nachbarinnen zusammen und sagt: Freuet euch mit mir! Denn ich habe die Drachme gefunden, die ich verloren hatte. So, sage ich euch, ist bei den Engeln Gottes Freude über einen Sünder, der Buße tut« (Lukas 15,8–10).

Vier Tage treffen sich 25 Frauen zu diesem Bibliodrama, im Alter zwischen 25 und 65, Familienfrauen und allein lebende, Frauen mit und ohne Kinder, erwerbstätige, im Haus arbeitende, unterschiedlich in ihren Vorbildungen, alle interessiert, motiviert. Für die meisten ist es eine Kostbarkeit in sich, tatsächlich vier Tage am Stück aus ihrem Alltag herauszukommen und etwas für sich selbst zu tun, sich miteinander dieser Geschichte und ihren eigenen zu widmen. Die Frauen kennen sich noch nicht. Scheu ist im Raum. Wir sitzen in gruppenbildender Kreisform; ich erzähle von mir und lade sie ein, sich gegenseitig ihre Namen zu nennen, ein wenig von sich selbst zu berichten. Diese Runde ist für viele Frauen schwer, gerade diese erste Kreisgemeinschaft, denn die meisten von uns haben nicht gelernt, von sich in größerer Öffentlichkeit zu erzählen; und dieses Plenum ist Öffentlichkeit. Wir springen also hinein, ich mag ihnen ihr Können zutrauen.

Im Anschluß lesen wir die Geschichte etliche Male, und es hat etwas von einem ganz normalen Bibellesekreis. Ich beginne also mit dem eher Vertrauten.

Auch die folgende Gesprächsrunde birgt keine neue Methode: Was fällt Ihnen an dieser Geschichte auf? Was fällt dazu ein? Gibt es Bekanntes, gibt es Fremdes, Gefühlsreaktionen, Bilder, Assoziationen? Welche Gedanken kommen? In dieser

Gruppe erzählen sich die Frauen sehr schnell von ihren eigenen häuslichen Situationen, ihrem Haushalt. Welche Frau ist keine Hausfrau? Und wieder fällt mir auf, mit welcher Schnelligkeit und Leichtigkeit sich Frauen mit Gestalten im Text identifizieren. Sie steigen ein, eignen sich die Situation an. Sie kennen diese Frau, sich selbst zu Zeiten, wo sie etwas verloren haben und dies nun wie eine Stecknadel suchen. Keine Ruhe läßt es ihnen, bis sie es dann endlich wieder gefunden haben. Und schon erzählen sich die Frauen Beispiele aus ihrem Leben.

Eine Frau sagt, daß ihr die Nachbarinnen und Freundinnen im Text gut gefallen. Solche sich mitfreuenden Schwestern hätte sie auch gern. Andere lachen, das Thema, der Wunsch ist ihnen vertraut. Konkurrenz zwischen Frauen? Neid? Wo sind Mitfreude, Mitleiden, Schwesterlichkeit, Solidarität? Wo freuen wir uns mit anderen mit? Die Frauen sind mitten in der Geschichte, identifiziert mit der Frau darin. Es ist das erste Sich-kennen-Lernen, sie werden munter.

Am Abend entscheide ich mich, ihnen nicht die Teile der Geschichte zuzumuten, die sie in ihren Gesprächen unerwähnt gelassen haben. Das ist ja in jedem Bibliodrama spannend, welche Textstellen sofort von einer Gruppe angenommen werden und welche ausgelassen werden. Was ist es, das ich noch nicht wahrgenommen habe, das ich oder wir noch nicht sehen können oder nicht sehen wollen, wo wir nicht hinsehen dürfen? Der Text selbst fordert uns heraus, Schritt für Schritt, Zeile um Zeile, uns den Inhalten zu stellen, dann eben auch allen Gehalten. Und oft lernen wir besonders von den Teilen, die wir selbst noch nicht integriert haben. Kommen wir an eine solche überhörte, übersehene, verlorengegangene Stelle, so zeigt sich entsprechender Widerstand, Erschrecken. Und um diesen anschauen zu können, diese Schwelle überhaupt akzeptieren zu können, brauchen wir Vertrauen, gegenseitiges Zutrauen. Wie anders kann Lernen geschehen? Auch im Glauben.

Ich lasse das Unerwähnte unerwähnt, sage nur am Schluß des Abends, daß uns bereits einige Teile sehr vertraut sind, andere noch nicht. Und weiß als Leitende, worauf ich mich wach und im Traum vorzubereiten habe. Ich vertraue, daß der Text weiterwirken wird, bei allen von uns. Was ist nicht alles schon über Nacht in solchen Gruppen entstanden, weil die Themen in den Menschen weiterarbeiten und Geist wirkt! Das werden Sie als Leitende auch schon erlebt haben: Sie zerbrechen sich fast den Kopf, wie es mit einer Gruppe weitergehen kann, und sie selbst kommt mit der Lösung. Wie gesagt, sie war ja auch schon im Raum, nicht machbar, doch aufspürbar. Dem Ganzen also vertrauen, der Gruppe, der Geschichte, und dem Geist der Pause, der dem Nachschwingen Raum gibt, dem Echo auf das Echo.

Aber zu unserer Geschichte: Die Frauen haben die erste Zeile des Textes in ihren ersten Gesprächen ausgelassen, und das schmerzt, denn es ist fast typisch für uns Frauen, daß wir diesen Anfang zu überhören gelernt haben. Die Geschichte beginnt nämlich nicht mit dem Verlorenen, sondern mit dem Ganzen, Vollkommenen, mit dem Haben und Sein. »Und welche Frau, die zehn Drachmen hat...« – *hat!*

Ich ahne, daß uns diese Worte sehr zu schaffen machen werden, möglicherweise das ganze Bibliodrama-Wochenende bestimmen werden. Und liegt nicht auch in dieser ersten Zeile schon der ganze Inhalt?

Ich muß sie also hineinführen und beginne am Morgen mit Körperübungen, die uns zum Beginn des Tages sowieso guttun und die uns über die Erfahrungen im Leib dann auch in die entsprechende geistige Kraft und Einstellung führen können. Ins Haben hineinleiten heißt, in die Fülle, die ganze Lebendigkeit hineinführen. Beginnen wir also mit einfachen Bewegungen, lockern unsere Glieder, klopfen und streichen unseren Körper durch, spüren wir langsam aufkommende Wärme, Lebendigkeit, Kribbeln im Leib. Es sind sehr einfache Anweisungen und Bewegungen, die jede in ihrer Weise nachvollziehen kann. Gerade in der Körperarbeit bin ich achtsam, führe langsam in Erfahrungen hinein; denn die meisten von uns kennen solche Übungen höchstens aus einem speziellen Gymnastikkurs, haben Scheu, sich solchen Erfahrungen in einer Gruppe auszusetzen. Immerhin kommen wir aus einer unkörperlichen Kultur, und Frauen kennen lange Geschichten mit ihren Körpern, häufig Mißbrauchsgeschichten. Waren wir doch lange mit unserem Körper entfremdet identifiziert. Sich selbst berühren, sich berühren lassen? Ich arbeite vorsichtig und weiß um die tiefe Wirkung, die gerade auch kleine, einfache Bewegungen hervorbringen. Beim Durchklopfen des eigenen Körpers entdecken sie, daß sie sich am Rücken nicht selbst erreichen können. Körperliches wie geistiges Wunderwerk, das uns zueinander weist. Die Frauen finden sich je zu zweit und sagen sich gegenseitig ihre Körperstellen, die sie von der Partnerin massiert, behandelt haben wollen.

Ich erwähne dies hier so ausführlich, weil ich weiß, wie wichtig es gerade für uns Frauen ist, daß wir selbst bestimmen, was wir zulassen wollen, was uns guttun mag; daß wir lernen, bewußte und aktiv Empfangende zu werden nach Jahrhunderten innerer wie äußerer Geschichte im passiven Erdulden. Und ich weiß, daß es wichtig ist, bewußt und gezielt zu geben.

So haben diese kleinen Übungen oft einen weiten Hintergrund und inneren Sinn, der aber in der Gruppe nicht unbedingt bewußtgemacht werden muß. Da ich Übungen in Seminaren immer wiederhole, bringen diese Wiederholungen häufig selbst den Gehalt herauf.

Im Anschluß an Übungen, um sich lebendig zu wissen und eigene Stärke und Kraftquellen zu kennen, fragt eine Frau, ob wir nicht auch tanzen könnten. Der Tanz bringt durch Musik und Bewegung den Kreis neu zur Gruppe zusammen, wie überhaupt Musik und Tänze die Kraft mit sich bringen, Menschen in ein entstehendes Wir zu verbinden.

All dies sind Einübungen in unsere biblische Geschichte. Ich bitte die Frauen, im Raum herumzugehen und sich vorzustellen, daß sie eine reiche Frau sind. Ich bin eine reiche Frau. Wie geht eine reiche Frau (wie geht es dir?), wie steht eine solche Frau (wie steht's?), wie ist ihre Körperhaltung, und das deutet immer auf innere Haltung hin; wie begegnet sie anderen im Raum? Alles reiche Frauen, wie begegnen sich solche Frauen? Die Atmosphäre ist gut, leicht, gerade, aufrecht, beschwingt. Die Vorstellung, das Bild, das beseelt.

Und in dieses entstandene Gruppenklima hinein sage ich, daß unsere Geschichte mit einer solchen Frau beginnt, mit einer Frau, die hat, die reich ist, vermögend, die zehn Drachmen hat. Und nun nach Körper und Bild und durch sie hindurch die geistige Aufgabe in Identifikation und Transfer: Ich bin diese reiche Frau. Was ist es in meinem Leben, das mich reich macht?

Nach erstem Stocken erzählen sich die Frauen, daß ihre Familie sie reich macht, ihre Kinder, der Garten, Musik, eine bevorstehende Reise. Und im Erzählen geschieht wie eine Ouvertüre die gesamte Geschichte von Lukas 15 in unserem Raum. Sie erzählen sich gegenseitig, sie teilen sich mit, sie stecken sich dabei gegenseitig an, so daß anderen immer wieder Neues einfällt, Reichtum hinzukommt. Ja, die Geschichte ist erst vollkommen, wenn wir sie teilen können; und im Teilen wird sie größer, lebendiger, reich.

»Und das Geld?« frage ich an einer Stelle, »wie ist das mit dem Geldvermögen, immerhin sind die Drachmen doch ganz materiell.« Schweigen und Grinsen. Über Geld sprechen wir so wenig wie über unseren Leib, beide vor allem in der Kirche tabuisiert, und: welche Frau ist schon materiell reich, welche Frau hat Vermögen? Wir, die Hälfte der Weltbevölkerung, die wir insgesamt fast zwei Drittel der Arbeitsstunden leisten, erhalten ein Zehntel des Welteinkommens und besitzen weniger als ein Hundertstel des Eigentums der Welt. Die Zahlen vom United Nations Report 1980 haben sich sechs Jahre danach nicht wesentlich verändert. Was also mit der Frau mit den zehn Drachmen?

In dieser Frauengruppe erwähnen wir die Not, machen aber Ökonomie nicht zum weiteren wesentlichen Tagungsthema. Hier zeigt sich das Wechselspiel zwischen Text und Gruppe, die ihr jeweiliges Interesse äußert. In einer internationalen ökumenischen Frauengruppe wurde das materielle Vermögensthema Schwerpunktthema. Überfordern wir die biblische Geschichte? Oder gehen wir als bundesdeutsche Mittelstandsfrauen und Kirchenfrauen zu schnell über dieses wirklich materielle Bild hinweg? (Die Balance im Leiten biblischer Geschichten.) Und ich mittele, bin dem Text innerlich verpflichtet und den Teilnehmenden. Immer wissend, daß wir nicht alles, was diese Texte bergen, auch heraufholen können, muß ich verantworten, wo ich mit den Teilnehmenden mitgehe und an welchen Stellen ich auch bewußt bei der Herausforderung der Textstelle verharre, beharre.

Das Vermögen also. Das deutsche Wort birgt eine weitere Ebene, die gerade auch für uns Frauen wichtig ist: Ich vermag, ich kann. Entsprechend die folgende Frage an die Runde: Du reiche Frau, vermögende Frau, was ist es, was du vermagst, was du kannst? Und probiere doch, dir dies vorzustellen: Ich Frau, ich kann, ich vermag... Die Gruppe, eben noch ganz lebendig, wird ganz ruhig, schwer. Die ersten setzen sich hin, die anderen folgen, können nicht mehr stehen, der Energielevel sinkt. Da sitzen wir nun. Vielleicht können wir noch irgendwie verstehen, einsehen, daß und wie wir materiell kein Vermögen angesammelt haben, aber daß unser Selbstwert auch nicht leuchtet, dies Frauenthema unserer Identität geht an den inneren Kern, an den Nerv. Keinen Besitz erworben und keinen Selbstwert erlernt. Frausein.

Und so sitzen sie, schlaff und traurig. »Was sollen wir schon können?« sagt eine Frau. An dieser Stelle bin ich als Leitende eindeutig parteiisch. Parteiisch mit dem Text und hier mit diesen Frauen, mit uns. Das Evangelium beginnt mit dem »eu«, dem Guten, Heilen, Ganzen, Schönen, diese Geschichte beginnt mit der Fülle, mit dem »Wer-Sein«. Und immer wieder in den Evangelien: Du bist wer und wertvoll, und lange bevor du vielleicht weißt, wer du bist: Du bist wer, du kannst und bist. Und nur, wenn du weißt, was du bist und hast, kannst du auch sagen – später –, was du verloren hast. Das ist die ins Lebendige führende Heraus-Forderung, Freisetzung. So bin ich parteiisch beim Text und den Frauen, Leitende und zugleich lange genug schon in diesem Thema Teilnehmende. In der Gruppe bleiben wir also beim Widerstand, nehmen den ernst. »Wieso meine ich, meinen wir, daß wir nichts können, nichts vermögen, niemand sind?« Und nun kommen in wenigen Sätzen lange Leidensgeschichten unserer Kultur und Kirche, Erziehung zur Minderwertigen und im schlimmen Sinne Selbst-losen. Wir wissen das voneinander, und es ist gut, daß wir uns dieses Gemeinsame verdeutlichen. Es verbindet uns, es hebt uns aus dem privaten Leiden heraus in das historische Verstehen, das uns im Uns-Erklären aus personalen Schuldgefühlen enthebt. Hier an dieser Stelle sprechen wir auch von der Situation der Frauen im Alten wie Neuen Testament, vergegenwärtigen uns die jahrtausendealte Tradition hierarchischer Geschlechterunterordnung. Ja, es ist Klage im Raum, auch Anklage; und die nun befreit aus bedrückter Stimmung, der Identifikation mit dem Nicht und Nichts.

Doch bleiben wir nicht bei der Klage stehen, wir übergehen sie nicht, brauchen ihre uns herauslockende Kraft, doch führt sie weiter, weiter in unsere eigene Geschichte und im Spiegel weiter entlang der Geschichte unserer vermögenden Frau. So wagen wir nach langer Zeit, uns dann doch das vielleicht wenige, was wir voneinander als Können wissen, gegenseitig anzuvertrauen. Wir üben. Erst kommt es stockend. »Ich kann gut zuhören«, sagt eine, sieht sich im Raum um, als wollte sie die Reaktionen der anderen aufspüren, und fügt hinzu: »Na ja, auch nicht immer!« Und Gott sei Dank fangen wir an zu lachen. Die befreiende Kraft des göttlichen Humors hat uns eingeholt, und wir ertappen uns dabei, wie wir uns und unser Können kleinmachen, indem wir es als »wenn, dann auch immer und ewig und beständig« deklarieren müssen. Wie viele erdrückende Leistungsideen stecken uns im Blut! Eine andere Frau sagt, sie könne gut kochen, aber das wolle sie eigentlich nicht sagen, das sei ja nichts Besonderes. Und tatsächlich sagen fast alle anderen, daß sie auch gut kochen können. Und ist es nichts mehr wert, nur weil es bereits selbstverständlich ist? Was alles kann, vermag ich und weiß es nicht mehr als Wert, da es zu mir dazugehört, finanziell nicht honoriert wird und als Rollenaufgabe auch nicht mehr weiter wertgeschätzt wird? Die Gruppe wird lebendig. Und auch hier: Indem sie den Mut haben, sich zu sagen, sich mitzuteilen, ermutigen sie ihre Nachbarinnen, entlocken ihnen Ideen, stecken und stiften sich gegenseitig an. Ja, diese Runde ist lang, und es ist wichtig für unsere lange Frauengeschichte, die wir nur entsprechend langsam aufarbeiten und neu gestalten können. Dieser Vormittag ist ein Bibliodrama in sich, ein langes, wohl nur verbales, aber so lange in uns durchlebtes, erlittenes. Ich vermag, ich kann – zehn Dinge, die ich kann, alle zehn... Wir sind auf Schatzsuche, wir graben nach und ackern und finden unsere verlorenen Kostbarkeiten und finden uns darin, werden gefunden. Diese Geschichte von der Frau mit der verlorenen Drachme als Geschichte der ersten Zeile. Und alles noch ohne Bibliodrama-Spiel.

Nach langer Pause und im Dranbleiben an unserer Fülle gehen wir in den zweiten Teil unserer Geschichte, die Arbeit am Verlorenen, dem einen Verlorenen. Wir treffen uns, und jede von uns nimmt einen Stein in die Hand. Ich arbeite gern mit diesem Mineral und geistiger Einsicht, etwas Gutes in der Hand zu haben. Wenn Sie einmal einen Stein in eine Hand nehmen, sich damit im wahrsten Sinne des Wortes befassen, ihn begreifen in Form, Kontakt und Temperatur, wenn Sie dann nach einiger Zeit diesen Stein aus der Hand legen und in diese Hand spüren, dann fühlen sie nicht nur den Verlust, sondern spüren auch den Ein-Druck, den dieser Stein in Ihrer Hand hinterlassen hat. Das ist der Sinn der Übung. Ich habe, ich verliere und spüre dem Verlorenen nach, von dem ich einen inneren Eindruck habe, ein Bild in mir trage, das mich überhaupt instand setzt, mich auf die Suche zu begeben und mich mit dem Finden zu identifizieren, wie die Frau in der Geschichte.

Nach dieser Übung und der eigenen Besinnung finden sich die Frauen in kleinen Gruppen zusammen, um sich zu sagen, was sie verloren haben. Im Anschluß daran finde ich es wichtig, daß wir uns unser Verlorenes als Thema auch im Plenum zumuten. Es beschwert, so viel auch furchtbare Verlorenheit zu hören, aber es setzt sich im Suchen auch in Gang, da das Aussprechen und Benennen sich als wissende Kraft erweist. Aber Sie können sich vorstellen, daß hier eine ganz andere Energie im Raum ist als noch am Vormittag, wo wir in die Fülle hineinkamen. Hier nun das Gegenteil, und sie können es entsprechend auch physisch kaum durchstehen. »Ich habe mein Kind verloren«, sagt eine, eine andere ihren Partner, sie ist nun geschieden. Eine erzählt, daß sie ihre Lebensfreude verloren habe, eine andere ihre Hoffnung auf eine gute Zukunft. Eine sagt, daß sie früher einmal politisch engagiert gewesen sei und dies ihr jetzt in die Resignation hinein verlorengegangen sei. Eine andere Frau erzählt, stockend, daß sie ihren Eros verloren habe, ihre Leidenschaft, ihr Liebesfeuer. Die Aufrichtigkeit und Offenheit in der Gruppe nimmt uns manchmal schier den Atem weg. Soviel Betroffenheit und Ehrlichkeit. Wir wissen, daß wir uns gegenseitig schützen werden. Und da stehen wir nun mit unseren Erkenntnissen und Bekenntnissen. Da stehen wir nun und sitzen davor.

Aber wir sind nicht allein und nicht einander ausgeliefert. Wir sind in unserer Geschichte, herausgefordert und aufgehoben, und sie erweist sich als Leitende und Kraftgebende, Richtungweisende. Ich lese sie an dieser Stelle unseres Gruppenlebens noch einmal vor, die ganze Geschichte, damit wir durch sie ein inneres Bild erfahren, wie wir mit dem Verlorenen um- und weitergehen.

Ich bitte die Frauen, den Bewegungsablauf der biblischen Geschichte pantomimisch als Bewegung im Raum nach- und mitzuvollziehen: eine Frau, die hat, alle zehn beieinander hat; die Frau, die eine verliert; die Frau, die ein Licht anzündet; die mit dem Licht in der Hand das Haus kehrt, es durchsucht mit Fleiß; die Frau, die das Verlorene wiederfindet und die Freundinnen zusammenruft. »Hast du keine Kerze?« fragt mich eine Teilnehmerin. »Der Stein ist ihr aus der Hand genommen, aber das Licht ist in der Hand.« Wir holen Kerzen und lesen die Geschichte nochmals. Die Frauen zünden ihr Licht an und gehen im Raum. Und dieses wandernde Licht, das suchende, dann findende strahlt in uns ein. »Tatsächlich«, sagt eine Frau, »tatsächlich hat sie am Anfang ihrer Suche erst einmal ein Licht angezündet, mit dem sie sehen kann. Sie läuft ja nicht blind, sie tappt ja gar nicht im Dunkeln, sie beleuchtet, durchleuchtet alles sehr genau, sie kann mit ihrem Licht hinsehen, und das Licht wärmt sie, führt sie.« Die geistige Ebene und Führung der Geschichte ist im Raum und leuchtet ihre Kraft in uns und unsere Verluste. »Aussicht«, sagt eine, »Aussicht ist da.« Und eine andere kennt ein Sprichwort, das aussagt, es sei besser, ein Licht anzuzünden, als über die Dunkelheit zu klagen. Uns allen wird deutlich, daß diese Frau, daß wir selbst in dieser Geschichte durch die Kraft des Lichtes geführt werden.

Aber an welcher Stelle des Suchens und Findens bin ich, wo in meiner Trauer, wo in meiner inneren wie äußeren Bewegung?

Ich bitte die Frauen, ihren Stein, das Bild des Verlorenen, in die Mitte zu legen und sich dann im Raum entsprechend dazuzustellen. Bin ich weit entfernt vom Finden und damit im Raum weit entfernt vom Symbol? Oder bin ich nahe dran, nähere mich: Wir finden unsere jetzige Stellung und damit auch Einstellung; und als Leitende kann ich sehen, welche Frau möglicherweise in ein unmittelbares Bibliodrama-Spiel im Suchen und Finden hineingehen wird und kann. Nicht alle sind in ihrer Lebensphase an der Stelle, wo das Finden und Wiederfinden geschehen wird. Jede Geschichte ist eine Verdichtung langer Prozesse. Indem wir uns dem stellen, machen wir uns auch klar, wo und wie wir uns konkret im Thema bewegen, übergehen nicht Schritte und Phasen, stellen uns zum Warten und Reifen. Nichtsprachlich ein Bild vom ganzen Weg in sich tragen und konkret Schritt für Schritt wagen.

Nun ist die Frage im Raum, ob eine Frau sich konkret mit ihrem Verlorenen befassen möchte. Es ist die Frau, die ihre Lebensfreude verloren hatte. Sie wählt sich eine andere Frau, die dies Verlorene für sie darstellt, und die ist einverstanden, dies für sie im Spiel zu symbolisieren. Die Frau mit der verlorenen Lebensfreude setzt die Lebensfreude eingekrümmt in eine Ecke des Raumes. Dann geht sie und sucht sich eine andere Frau als Licht. »Komm mit, ich brauche dich, geh du mit mir.« Das Licht und die Frau gehen durch den Raum. Sie kommen zu einer Gruppe, zu der die Frau sagt: »Ihr seid meine Familie. Meine Lebensfreude ist nicht hier. Wenn ich schon eure Gesichter sehe, wie ihr von der Schule kommt. Wenn ich schon dein Gesicht sehe, wie du von der Arbeit kommst. Wenn ich das sehe, wenn ich euch höre... nein, meine Lebensfreude ist nicht hier. Von euch bekomme ich sie nicht, es ist aus. Komm, Licht, wir gehen!«

Die Frau geht weiter durch den Raum auf eine andere Gruppe zu. »Ihr seid meine Freundinnen, aber bei euch ist meine Lebensfreude auch nicht. Wenn ich zu euch komme, fangt ihr sofort von euren Problemen an zu erzählen. Ich kriege euren Abfall, euren Müll. Das Leben macht keinen Spaß mehr bei euch. Nein, ich gehe.«

Die Frau geht mit dem Licht weiter durch den Raum. »Hier ist mein Garten«, sagt sie. »Aber meine Lebensfreude ist nicht mehr hier. Sieh dir diesen Baum an, er stirbt, er stirbt, und wenn ich das sehe, dann sehe ich, was noch alles auf uns zukommt, und dann wird mir so angst, und meine Lebensfreude ist fort, sie ist fort, sie ist nicht hier am Baum.« Die Frau weint bald und geht mit dem Licht weiter durch den Raum. Sie nähern sich der Ecke, in der die Frau kauert, die die Lebensfreude darstellt. »Nein, ich kann nicht weitergehen«, sagt die Frau, »ich kann nicht zu ihr hingehen, ich kann nicht mehr weiter.« Nichts erzwingen, hier Dranbleiben.

»Was ist mit dir?« frage ich sie. »Was geschieht in deiner Phantasie? Und wenn du magst, dann phantasiere noch einmal, was mit dir geschieht, wenn du dich ihr näherst. Du brauchst nicht hinzugehen, aber phantasiere...«

Und da beginnt die Frau: »Wenn ich zu dir gehe, wenn ich bei dir bin, wenn du bei mir bist, wenn du wieder bei mir bist, wenn ich bei dir bin, dann, dann bist du wieder da, ja dann bist du ja wieder da, und dann, ja dann wird es anders, ja dann muß ich was tun, dann tun wir was, dann ändern wir was!« Die Lösung.

Nach einer ganzen Weile geht die Frau tatsächlich auf die unten hockende verlorene Drachme zu, berührt sie, richtet sie langsam auf, bis sie ganz aufrecht ihr gegenübersteht, und sie umarmen sich. »Da bist du ja!« Wir sind berührt. Und die drei Frauen, die Drachme, das Licht und die Findende gehen miteinander im Raum. Bilder von drei Frauen.

Sie gehen zu den Freundinnen, und die Frau zeigt ihnen die Lebensfreude. »Da ist sie wieder! Stellt euch vor, hier, die Lebensfreude ist wieder da.«

Die Freundinnen freuen sich mit, umarmen die Lebensfreude wie die Frau. Dann geht sie mit ihrer Gefundenen zu ihrer Familie und fängt an, der Familie zu sagen, was sich von nun an ändern wird, was sie vorhat mit dieser Lebensfreude. Die Identifizierung mit dem Finden und Gefundenen steckt die Gruppe an.

Aber eine andere Frau weint bitterlich. Angesprochen, erzählt sie, daß sie ihr Kind verloren habe und dieses nie wiederkommen würde. Betroffenheit. Als Leiterin sausen mir Bilder durch den Kopf, bitte ich innerlich um die rechte Idee, mit dieser Frau zu sein oder auch weiterzugehen. Bibliodrama mit dem toten Kind? Ich entscheide mich dafür, die Szene nicht spielerisch zu gestalten, wie vorher mit der Lebensfreude, die verloren war. Meine innere Scheu und Ehrfurcht vor dem Toten zeigt mir die Grenze. So bleibe ich bei der Frau sitzen und spreche mit ihr. »Was ist damit fortgegangen und damit verloren, daß dies Kind tot ist?« Und die Frau erzählt, was ihr dies Kind bedeutet, wie sehr sie sich auf die Entwicklung des Kindes gefreut hat, wie sehr sie die Lebendigkeit genossen hat, wie kostbar ihr dies Wesen im Herzen ist. Und wie sie von dieser Kostbarkeit erzählt, steht die feine, wunderbare Kraft in ihr auf, die dieses Kind für sie war und innerlich noch und wieder neu ist.

Wir sind erschöpft. Die darstellende Bearbeitung, die so eigenen Lösungen im Raum durchströmen uns wie die Phantasien und Wünsche und Ängste derer, die noch auf dem Weg zum Gefundensein sind.

Es ist ein weiterer Tag. Als wir wieder zusammenkommen, fällt es mir wie Schuppen von den Augen, daß ich das Spiel der Frau mit der Lebensfreude nicht wirklich zu einem Ende gebracht hatte. Ich mit meinen Fehlern. Statt bei der ersten noch nicht vollständigen Szene zu bleiben, hatte ich mich ganz und neu auf die weinende, trauernde Frau mit ihrem Kind eingelassen. Und hatte entsprechend vergessen, die Frau zu befragen, die im ersten Spiel die Verlorene gespielt hatte. Sie war noch nicht zu Wort gekommen, und ihr Gesicht sprach nun Bände. Wie oft erlebe ich als Leitende, daß ich bis in meine Anweisungen hinein der Geschichte parallel arbeite, und nun, wie hier, auch bis hinein in das Drama selbst, hatte ich sie genauso liegen- und sitzenlassen, wie ihre Rolle war! Und nun geschieht, daß die Geschichte die Geschichte ist und daß auch meine Fehler letztlich gesegnet sind. Ich staune über diesen Segen. Die Frau erzählt, daß es für sie wichtig gewesen sei, daß sie noch nicht befragt worden war. Ja, sie hätte stillschweigend ein langes Drama ihrer Seele noch einmal durchgemacht und es würde sich in ihr lösen, ganz neu lösen. Sie erzählt, wie furchtbar es für sie gewesen sei, daß die sie suchende Frau nicht gewagt hätte, zu ihr zu kommen. Und die Angst im Nacken: Kommt sie, kommt sie? Ach diese Angst, daß sie nicht kommt! Kindheitsmuster und die elterliche Beziehung zum Kind. »Und dann«, sagt sie, »dann, als ich schon wußte, sie kommt bestimmt nicht, da hat sie mich berührt, da hat sie mich angefaßt und aufgehoben, ja, sie hat mich emporgehoben zu sich und mich umarmt. Und ich konnte es nicht erzählen, denn du hattest mich vergessen wie vorher die Frau und wie früher meine Mutter.«

Unsere Geschichte hat sich gedreht. Durch ihr Erzählen sind wir alle bei ihr und sind identifiziert mit der verlorenen Drachme.

Merken Sie, wie kostbar diese Geschichte ist?

Eine Frau sagt, sie hätte das auch gern erlebt, so wiedergefunden zu werden und so aufgerichtet zu werden. Und einige andere bestätigen ihren Wunsch. So konstelliert sich von selbst ein nichtsprachliches, gleichzeitig ablaufendes Geschehen, indem sich je zwei Frauen zusammenfinden, eine davon die verlorene darstellt und sich von der anderen finden läßt.

Es ist ein Unterschied von Welten, ob ich davon erzähle, oder ob Sie es selbst erleben, erfahren. Und das meint ja Bibliodrama: mit allen Sinnen, Herz und Verstand die Szene erfahren, durchleben, sich einlassen, aus ihr wieder und neu herausgehen, sich mit dem Erleben auseinandersetzen. Dieses so einfach klingende Spiel ohne Worte setzt Kräfte frei, die die Geschichte meint, und bewegt uns innerlich wie auch außen auf unseren ganz eigenen Weg.

Glück ist im Raum, auch Stille.

Und das ist der Zeitpunkt für mich, um die Gruppe zu fragen: »Sagt mal, wer ist denn diese Frau in der Geschichte? Es ist doch ein Gleichnis, wer ist nun diese Frau?« Stille, wie jetzt hier im Raum, wo ich's Ihnen erzähle. Ja, wer ist die Frau?

In der ersten Geschichte vom Verlorenen, dem verlorenen Schaf, da sagen wir ganz leicht: Ich bin das verlorene Schaf, und der Hirte, das ist Jesus. In der letzten Geschichte vom Verlorenen, dem verlorenen Sohn, da sagen wir, ich bin einer der Söhne – irgendwie –, und der Vater, das ist Gott. Wenn ich nun parallel dazu in der mittleren Geschichte die verlorene Drachme bin, dann... ja, dann kommt uns Gott im Bild dieser Frau entgegen, oder?

Die Frauen unserer Gruppe bissen sich auf die Lippen. Das hatten wir noch nicht so bedacht, und konnte das wahr sein:

Gott als Frau? Aber ja, da stand es. Und ist die Geschichte nicht selbst eine verlorengegangene Kostbarkeit, wie das Gottesbild in ihr, das wir als weibliches in unserer Kirche nicht mehr kennen? Wir phantasieren, und uns kommt die Heilige Geistin entgegen, die Ruach, wie sie im Hebräischen noch weiblich heißt, die Lichtfrau in der Mitte zwischen Vater und Sohn, Sophia, Heilige Geistin, Mittelnde, Mitte. Was ist da passiert? Wir sind mitten in der Theologie.

Dort, im ersten Gleichnis, identifizieren wir uns mit dem Schaf, im letzten mit dem Sohn und hier im mittleren immer mit der Frau. Mit der Frau? Und warum nicht auch mit der Drachme? Und da fiel ihnen auf: Wenn ich verloren bin, als Schaf kann ich immer noch blöken, damit der Hirte mich findet; und als Sohn habe ich sowieso alle Freiheit, aber als Drachme kann ich nichts tun, ich bin verloren, wirklich platt am Boden, im Dunkeln liegend, ausgeliefert, und nackt darauf angewiesen, ob ich gefunden werde oder nicht. Im Dunkeln kann ich auch noch nicht einmal funkeln. Und die Frauen erzählen sich, wieviel auch von uns noch im Dunkeln liegt, wieviel Kostbares. Und auch wenn ich absolut nichts tun kann, nicht mehr kann, sie kommt, sie, einfach so und mit leuchtender Gewißheit, daß sie mich findet!

Gott, diese Lichtfrau.

Wir feiern.

Der letzte Morgen ist gekommen. Draußen läuten die Sonntagsglocken. Ich schlage vor, daß wir ihnen zuhören, lauschen und dabei die Geschichte unserer Lichtfrau nach innen aufnehmen, hineinnehmen in die Innenebene, unseren Leib, das Haus des Geistes.

Zu einem Stern haben wir uns zusammengelegt, dort, wo sonst die Steine lagen, haben den Boden gespürt, geatmet, nur da sein, ganz wach und nur da und die Glocken gehört. Das Wunder dieser Geschichte ist ja, daß sie uns auch auf dieser Innenebene begegnet: das Haus sein mit allen Räumen, Öffnungen, Durchgängen. Und den Atem wie die reinigende, kehrende Frau durch uns hindurchschicken, alle Räume öffnen lassen. Einkehr, Umkehr. Und im Anschluß an die Reinigungsatmungen Licht atmen, und dies Licht durch alle Räume und

Wohnungen unseres Leibes, des Tempels des Geistes, hindurchschicken. Das alte neue: Mache dich auf, werde Licht, denn dein Licht kommt. Gott, das Licht, das in uns kommt und durch uns hindurchgeht und uns begegnen will. Wo sie erscheint, da leuchtet meine Kostbarkeit auf. Wo sie mich in ihre Hand nimmt und aufhebt, ent-deckt sie eine Seite in mir, die ich von mir aus allein nicht habe aufdecken können. Da leuchten wir uns entgegen.

»Und welche Frau, die zehn Drachmen hat, zündet nicht, wenn sie eine verliert, ein Licht an und kehrt das Haus und sucht mit Fleiß, bis sie sie findet? Und wenn sie sie gefunden hat, ruft sie ihre Freundinnen und Nachbarinnen zusammen und sagt: Freuet euch mit mir, denn was ich verloren hatte, habe ich wieder gefunden. So sage ich euch, ist bei den Engeln Gottes Freude über einen Sünder, der Buße tut.«

Und wo ist der Sünder?

Antje Kiehn
Die »großen Augenblicke«

Transzendenzerfahrungen im Bibliodrama

I.

»Da er aber gefragt wurde von den Pharisäern: Wann kommt das Reich Gottes?, antwortete er ihnen und sprach: Das Reich Gottes kommt nicht so, daß man's mit Augen sehen kann; man wird auch nicht sagen: Siehe hier! oder: da! Denn siehe, das Reich Gottes ist mitten unter euch« (Lukas 17,20–21).

Mein Beitrag gilt dem zentralen Bereich des Bibliodramas, nämlich der religiösen Erfahrung, ihrer Katalysierung und Initiierung und der Frage der Echtheit der gemachten Erfahrungen.

Dürckheim spricht vom »doppelten Ursprung des Menschen«. Der Mensch ist »himmlischen und irdischen Ursprungs. Er bewegt sich zwischen Welt, Erde, Endlichkeit und Gott, Himmel und Ewigkeit, zwischen Immanenz und Transzendenz. Am irdischen Ursprung des Menschen wird niemand zweifeln. Hier werden der Mensch und seine Bezüge zur Welt ernst genommen, ausgebaut und festgehalten in einer Weise, die erst einmal alles in den Schatten rückt und verdrängt, was aus dem unendlichen Ursprung kommt.«[1] Es ist einer der schwierigsten Lern- und Verstehensprozesse auch in der Bibliodramaarbeit, diese Doppelheit menschlicher Existenz zu begreifen. Die psychologische Sprachgebung übernimmt die Zweiteilung in einen erkennbaren Bereich des Ich-Bewußtseins und einen weithin unbekannten Bereich des seelischen Unbewußten, der sich aber in Träumen und in der Intuition dem Bewußtsein kundtut. Durch C. G. Jungs Beitrag eines sich in archetypischen Urbildern äußernden zentralen Instinktes des Menschen wird dieser Bereich differenziert und für das Bewußtsein zugänglich. In der dichterischen Sprache und in der

Volkssprache sind Worte wie »Seele« und »Geist« ein Versuch, diesen aus dem Verborgenen wirkenden Energien einen Namen zu geben. Die religiöse Sprachgebung spricht an dieser Stelle von »Gott«, vom Mysterium der Gotteserfahrung, vom Heiligen, vom Numinosen (= Verborgenen). Auch diese Begriffe symbolisieren das verborgene, geheimnisvolle, fremde und unbekannte Wesen des »ganz anderen«, das mich anzieht, verwundert, über mich selbst erhebt und mich durch seine Übermächtigkeit erschreckt (»Mysterium fascinosum, mirum, majestum et tremendum«[2]).

II.

Der Mystiker Tersteegen sagt: »Ein begriffener Gott ist kein Gott.« Bei Lukas steht: »Das Reich Gottes kommt nicht so, daß man's mit Augen sehen kann.« Gott und sein Reich entziehen sich der menschlichen Handhabung. Dennoch kann der Mensch etwas tun, um sich dem Wirken des Religiösen zu öffnen: Dürckheim nennt das Ernstnehmen religiöser Urerfahrungen und das Exerzitium. Als Exerzitium ist die Übung meditativer Praktiken »gipfelnd in einem meditativen Leben« zu verstehen. Ziel und Sinn wäre »die Verwandlung des ganzen Menschen zur Transparenz ... für die uns und allen Dingen immanente Transzendenz.«[3] Hier ist auch eine gemeinsame Bildungsarbeit von Theologie, Tiefenpsychologie und Exerzitienpraxis anzusetzen. Vorstellbar ist die Ausbildung eines besonderen »Organs«, das das »Sein in der Qualität des Numinosen«[4] wahrnimmt. Wenn dann einem solcherart vorbereiteten Menschen einmal überraschend eine größere religiöse Erfahrung widerfährt, so kann er einen »großen göttlichen Augenblick« lang die Verbindung beider Welten in seiner Person als erfahrene Gegenwart erkennen. Diese Momente haben eine anregende und verändernde Wirkung. Sie können als »initiatisches Erlebnis« (initiare = das Tor zum Geheimen öffnen) bezeichnet werden. Tillich spricht von den »großen Augenblicken im Leben, in denen das Ewige in den normalen Lebensfluß einbricht, erschütternd, wandelnd«[5]. So sind auch die »großen Augenblicke« im Bibliodrama zu verstehen. Auch sie können erschüttern und wandeln. Meist sehe ich sie eher als kleine initiatorische Anstöße, die, eingebettet in einen lebenslangen Übungs- und Reifungsweg, zum religiösen Wachstum des Menschen beitragen.

Es ist immer wieder wichtig, an den »Weg« als Symbol für das menschliche Leben zu erinnern. Dies gilt für die großen Abläufe des äußeren Lebens wie für einen seelisch-religiösen Prozeß. Auch der Gedanke der Wandlung und der Erneuerung spielt in der initiatorischen Erfahrung eine große Rolle, er löst Unsicherheit und Angst aus. Es kommt vor, daß eine innere Erfahrung im Bibliodrama einen vorher unbewußten Zusammenhang mit einer derartigen Gewißheit aufhellt, daß man im Außen eine praktische Konsequenz ziehen muß und will.

Die religiöse Erfahrung im Bibliodrama kann im heutigen Menschen etwas verändern: Er wird angerührt von dem Ruf einer »inneren Stimme«, die aus dem biblischen Text gleichsam als Gottes Wort zu ihm spricht und als innere Führung in einer gleichzeitig vom Außen bestimmten Lebensgestaltung wirksam ist. Symbolisch werden solche Geschehnisse in den biblischen Berufungsgeschichten dargestellt, wenn die Stimme Gottes einen eigentlich ganz gewöhnlichen, dem Irdischen verhafteten Menschen mit einem göttlichen Auftrag zu einem neuen Weg bestimmt (Abraham, die Propheten Jeremia, Jesaja und andere).

III.

Die erste Lebenshälfte des Menschen gilt gemeinhin der Entwicklung, Befestigung und Bewährung des Ich in der Welt. In der zweiten Lebenshälfte nimmt die Beschäftigung mit der religiösen Frage, mit der Sinnfrage, durch das Hinleben auf den Tod zu, das Bedürfnis nach einer von existentiellen Werten geleiteten Lebensgestaltung wächst. Die Berührung der religiösen Dimension, die transzendente Qualität der biblischen Texte, die in der Bibliodramaarbeit offenbar wird, wird deshalb besonders von älteren Teilnehmern als Möglichkeit, sich mit diesen Fragen zu beschäftigen, geschätzt. Sicher sollte in keiner der beiden Lebenshälften religiöse Erfahrung als Ersatz für gelebtes Leben, als Mittel zur Flucht vor dem Leben im Außen gelten. Es sollte im besten Falle eine gegenseitige Befruchtung beider Lebenswirklichkeiten stattfinden: im kleinen Alltäglichen das große Ewige zu sehen und umgekehrt. Ich werde später hierfür ein Beispiel geben.

Ich denke, daß die Erfahrungen der Bibliodramaarbeit hierzu beitragen können. Ich sehe die Bibel als ein komplexes, umfassendes Lebensbilderbuch, das die Grundthemen des menschlichen Lebens in der Verbindung mit der Gottesfrage nicht nur als Beschreibung, sondern als Antwort, Richtung, Offenbarung und Verheißung anheimgibt. Konfessionelle Dogmatik, bürgerliche Moral, ideologische Einflußnahmen der Exegese haben die biblische Botschaft eingeengt, teilweise abgespalten, verdrängt. Die religiösen Erfahrungen im Bibliodrama bringen manche solcher vergessenen, abgespaltenen Aspekte wieder ans Licht. Oft sind es Aspekte des »dunklen Gottes«, Neid, Zorn, Zerstörung, Sünde, Verführung, Verrat, Gewalt, Chaos, Tod, die ausgeschlossen sind. Nur auf dem Wege einer religiösen Wandlungserfahrung, aus der hervorgeht, daß diese furchterregenden Aspekte (es gibt sie in jedem noch so sorgfältig geführten Leben) Durchgangspforte sein können für den zugehörigen hellen Aspekt desselben, läßt sich ihr Anblick ertragen. Begriffe wie Umkehr, Reue, Neuanfang bekommen so, in das konkrete Leben übertragen, den Stellenwert einer echten, die persönliche Situation erweiternden Lebenshilfe. Die Akzeptanz der eigenen Minderwertigkeit, der eigenen »Schlechtigkeit« und Schwäche kann durch die Erfahrung, daß diese dunklen Seiten auch im Großen als wandlungsfähige Lebensmotive erkannt werden, vergrößert werden.

Natürlich kann niemand das alles mit Gewißheit sagen. So ist auch religiöse Erfahrung in der Bibliodramaarbeit nicht »technisch machbar«. Sie geschieht überraschend, ohne unser Zutun. Von vielen wird sie als Geschenk erlebt, als Durchbruchserfahrung, religiös gesprochen als »Gnade«.

Ein Hinweis noch auf das anfangs genannte, äußerst schwer begreifbare Phänomen des doppelten Ursprungs des Menschen, der darin liegenden Paradoxie menschlicher Existenz, die sich in einer verwirrenden Komplexität der biblischen Texte widerspiegelt. »Gott handelt und spricht so und so und immer wieder auch ganz anders.« Wenn ich die gegensätzlich doppeldeutige Komplexität der Gottesaussage am eigenen Leibe erfahren habe, zum Beispiel die allmächtige und zugleich ohnmächtige Figur des Jesus, die den Tod und gleichzeitig das Leben herbeiführende Schlange der Paradieserzählung, den seinen Liebsten verratenden erbarmungswürdigen Freund (Judas), so kann ich aus einer eigenen erfahrenen Gewißheit sagen: »Ja, so ist es. Man kann jemanden lieben und ihn gleichzeitig verraten.« Oder: »Ich kann meinem Kind eine gute und beschützende Mutter sein, ihm aber gleichzeitig hierdurch seine persönliche Eigenwilligkeit nehmen.«

Das Bewußtsein für die Lebensparadoxie und für die eigene Ambivalenz kann zu einer größeren Akzeptanz in Beziehungen und sich selbst gegenüber führen. Das bedeutet nicht, daß von jetzt an ethisch-moralische Handlungsmotive für das konkrete Leben verlorengingen. Im Gegenteil: Die Verpflichtungen, die jetzt eingegangen werden, können aus einem erweiterten Herzen, einer »viva vox« (Otto) gespeist werden.

IV.

Wie erhalten Menschen Kenntnis vom Heiligen? Wie äußern sie sich über das Religiöse in ihrem Leben, wie erfahren sie es, wie geschieht das »Werden eines Gottesglaubens«? P. Tillich beschreibt Religion als etwas, das uns »unbedingt angeht«. M. Eliade widmet diesen Fragen ein ganzes Lebenswerk. Für ihn ist das Heilige »gesättigt mit Sein. Heilige Kraft heißt Realität, Ewigkeit und Wirkungskraft in einem.« Jeder natürliche Ort, jeder profane Gegenstand, jeder Lebensvorgang kann für Menschen, die ein religiöses Erlebnis haben, gleichzeitig »kosmische Sakralität offenbaren«[6].

Der russische Dichter F. M. Dostojewki läßt an einer Stelle in »Die Brüder Karamasoff« den Staretz Sossima »Über das Gebet, über die Liebe und die Berührung mit anderen Welten« wie folgt zu Worte kommen:

>»Vieles auf Erden ist uns verborgen, als Ersatz ward uns ein geheimnisvolles heimliches Gefühl zuteil von unserer pulsierenden Verbindung mit einer anderen Welt, einer erhabenen und höheren Welt, und auch die Wurzeln und Gedanken unserer Gefühle sind nicht hier, sondern in anderen Welten. Deshalb sagen ja auch die Philosophen, daß das Wesen der Dinge hier auf Erden nicht

zu erfassen sei. Gott nahm Samenkörner aus anderen Welten und säte sie auf diese Erde und ließ seinen Garten erwachsen, und es ging alles auf, was aufgehen konnte, aber das Aufgegangene lebt und bleibt pulsierend lebendig nur durch das Gefühl seiner Berührung mit geheimnisvollen anderen Welten; wenn dieses Gefühl in dir schwach wird oder abstirbt, dann stirbt auch das, was in dir aufgewachsen war. Dann wirst du auch dem Leben gegenüber gleichgültig und beginnst es sogar zu hassen. So denke ich darüber!«[7]

Obgleich wir nach dem Lesen dieser schönen dichterischen Worte nicht genau sagen können, was mit dem geheimnisvollen Gefühl einer Verbindung mit einer anderen, höheren Welt gemeint sei, mag etwas in uns zum Klingen kommen, wenn wir sie hören. Ähnlich geht es Menschen mit der biblischen Sprache. »Schöpfung«, »Paradies«, »Ewigkeit«, »Gottes Geist« lösen etwas in uns aus, Empfindungen, Stimmungen, Bilder und Gefühle, die wir aber nicht erklären können.

Jeder, der sich den biblischen Texten nähert und diese hinter den Symbolen und Bildern verborgene zweite Ebene unberücksichtigt läßt (zum Beispiel in einer historischen Exegese), würde an einem bestimmten Punkt scheitern und das Eigentliche, Innere dieser Texte versäumen: ihre religiöse Dimension. Rudolf Otto bezeichnet sie als »eigentlich Innerstes« aller Religionen und spricht von einer »numinosen Gefühls-Gestimmtheit« im Menschen, die durch die Berührung mit dem Bereich des Numinosen entwickelt wird. »Sie ist nicht lehrbar, sondern nur anregbar, erweckbar – wie alles, was aus dem ›Geiste‹ kommt.«[8] C. G. Jung beobachtet den überwältigenden, aber gleichzeitig heilenden Moment einer religiösen Erfahrung: »... der sie hat, besitzt den großen Schatz einer Sache, die ihm zu einer Quelle von Leben, Sinn und Schönheit wurde, und die der Welt und der Menschheit einen neuen Glanz gegeben hat.« Und derselbe: »Niemand kann wissen, was die letzten Dinge sind. Wir müssen sie deshalb so nehmen, wie wir sie erfahren. Und wenn eine solche Erfahrung dazu hilft, das Leben gesünder oder schöner oder vollständiger oder sinnvoller zu gestalten für einen selbst und für die, die man liebt, so kann man ruhig sagen: ›Es war eine Gnade Gottes‹.«[9]

V.

Sich der religiösen Erfahrung anzuvertrauen erfordert Mut, Hingabe und Demut, aber auch Wachsamkeit. Man weiß nicht, wohin es einen verschlägt, in die »Illusion« oder zu einer tieferen Schau menschlich-göttlicher Wirklichkeiten. Hier taucht die uralte menschliche Angst vor dem Fremden, ganz anderen auf, auch die Angst vor der Verführung, der Täuschung, dem Irrtum. Woher kann ich denn die Sicherheit nehmen, daß das, was mich dort »drüben« erwartet, etwas »Gutes«, mich Aufnehmendes ist und nicht etwas mich ungeheuer Bedrohendes und Zerstörendes? Wem vertraue ich, nach welchen Kriterien kann ich mich richten?

Es ist nicht erstaunlich, sondern wichtig und ein Schutz gegenüber den Mächten des Unbewußten und Numinosen, daß das bewußte Ich gleichsam als Wächter die Schwelle des Bewußtseins hüten will. An diesen Stellen treten im Bibliodrama oft Sperren auf. Der äußere, rational bestimmte Mensch weist mit Entschiedenheit zurück, was ihm sein inneres alter ego (und der »göttliche Dämon«) zumuten will. Tabus, gültige Werte stellen sich dem entgegen, was sich auf der anderen Seite zeigen will. Gerade im Bereich des Religiösen muß man sich daran erinnern, daß »heilig« ursprünglich nicht mit »ethisch-moralisch«, »gut und schön« gleichgesetzt wurde.

Wenn dieses, was sich auf der »anderen Seite« manifestiert, die vorhandenen Werte verletzt, wird es unter Umständen nicht einmal wahrgenommen. Der Bibliodramaleiter sollte diese Grenzziehung erkennen und respektieren. Wer weiter gehen will, kann jetzt im Sinne einer Erweiterung seines Bewußtseins arbeiten. Heute steht ein großer Schatz von Literatur zur Verfügung. Alte Mythen, Märchen, Tänze sind wieder zugänglich, so daß erst einmal im Äußeren Vorstellungen von seelischen Mustern wachsen können. Nicht erspart bleibt die oft mühevolle Arbeit an sich selbst. Hier gibt die Tiefenpsychologie sehr wertvolle Hilfen. Die Grundausstattung im Arbeitsprozeß des Bibliodramas dient der Erweiterung der Wahrnehmung vor der Bewertung des Geschehens. Dadurch wird die frühe Einengung vermieden, und es kommt zu überraschenden Erfahrungen auf der »anderen Seite«.

Es bleibt nicht aus, daß sich auf längere Sicht das persönliche Menschen- und Gottesbild des Bibliodramateilnehmers verändert. Er wird zum Beispiel mit Verwunderung wahrnehmen können, daß im Spiel spontan Gesten, Worte, archaische Bilder auftauchen, die als Symbole und Motive aus früheren, älteren Religionsformen bekannt sind. Leiter und Teilnehmer, die hier über einiges Hintergrundwissen verfügen, werden solche archaischen Äußerungen sehen und wiedererkennen und sich gegenseitig darauf aufmerksam machen können. So erinnere ich mich, wie in einer Szene plötzlich ein Teilnehmer wie der tanzende Naturgott Pan (aus der griechischen Mythologie) eine Art dionysischen Reigentanz anzuführen schien. Vorausgegangen war eine Darstellung des »Brunnens« in der Begegnung Jesu mit der Frau aus Samaria. Der Brunnen wurde hierbei von der Gruppe leibhaftig gebildet. Aus dieser Identifikation entstieg, sozusagen aus dem Grunde des Brunnens, das mythische Motiv des Naturgottes. Eine wichtige Seite des Nachgesprächs besteht in dem Aufmerksam-Werden für das Gesehene: Was ist gesehen worden, welche Gestalt hat sich herausgebildet, was erkenne ich wieder, was ist ganz überraschend und neu?

In vielen Szenen der Bibliodramaarbeit wird deutlich, daß unter der Oberfläche einer christlichen Religionsstufe Relikte einer früheren, archaischen Religion existieren. Die Symbolerfahrung im Bibliodrama zeigt, daß mythische Motive aus den frühen Naturreligionen in die christlichen Religionsformen hineinwirken. C. G. Jung spricht von »empirischem Erfahrungsmaterial« aus Träumen und Imaginationen und sieht in ihrem Auftauchen einen Beweis dafür, »daß wir die ganze Vergangenheit in den tieferen Stockwerken des Wolkenkratzers unseres rationalen Bewußtseins mit uns tragen... Die wahre Geschichte des menschlichen Geistes ist nicht in gelehrten Büchern, sondern in dem lebendigen, seelischen Organismus jedes einzelnen.«[10]

Etwas Ähnliches gilt für viele Transzendenzerfahrungen im Bibliodrama. Immer wieder sagt jemand nach einer solchen Szene: »Eigentlich habe ich das irgendwo in mir schon gewußt. Ich habe es schon geahnt.«

Es ist sehr aufregend, das Auftauchen eines Symbols in verschiedenen Religionsstufen zu verfolgen und seine jeweilige Wandlungsgestalt und Deutung wiederzufinden. Zum Beispiel steht dann hinter dem Symbol »Kreuz« der »Lebensbaum« und dahinter die »Magna Mater«, die Leben gebende und verschlingende/aufnehmende »Große Mutter«. Ich denke, daß durch die Symbolerfahrung im Bibliodrama ein erweiterter Zugang zur höchsten christlichen Wandlungsgestalt des Jesus in den Christus gebahnt wird. Manche Teilnehmer fühlen sich zwar durch diese Erfahrungen lebendiger Religion verunsichert und berufen sich zum Schutz auf die christlichen Dogmen, anderen hilft diese Erfahrung jedoch, die oft sehr abstrakten Vorstellungen des heutigen Christentums zu beleben.

VI.

Die Manifestation des Heiligen ereignet sich im einzelnen Menschen oder auch ritualisiert in religiösen Gemeinschaften. Rudolf Otto[11] beschreibt die unterschiedlichen Abstufungen, in denen die Wirkung des Heiligen erfahren wird. Sie reichen von ganz »hohen« Empfindungsformen des erhabenen, majestätischen Gottes bis zu »niedersten« schauervollen Gespenstererlebnissen. Dennoch ist die numinose Qualität, die hinter diesen Manifestationen liegt, die gleiche, sie stellen nur die beiden extremen Aspekte des gleichen Phänomens der göttlichen Ganzheit dar.

»Wem vertraue ich?« lautete schon einmal die Frage. Das kann jeder nur immer wieder neu für sich befinden. Ich gebe aus meiner Erfahrung heraus dem biblischen Text einen Vertrauensvorschuß in der Wertung und Orientierung. Der Text und die alten, durch ihn hindurchscheinenden uralten Bilder sind die eigentlichen Führer. Ich verstehe sie aber als gleichnishaft, nicht als direkte dogmatische Wahrheitsaussage. Sie zeigen den Anschluß, man kann immer wieder zu ihnen zurückkehren.

Die biblischen Worte bilden die Eingangspforte zu den »anderen« Welten, von denen der Staretz spricht. Sie sind wie »Gottes Samenkörner«, die in einem Menschen aufgehen können. Nichts anderes geschieht im bibliodramatischen Spiel. Wenn ich hier eine Rolle übernehme, zum Beispiel die Rolle des Zöllners, des reichen Jünglings, eines Jüngers auf dem Wege nach Emmaus, so wird dieses Bild wie ein Samenkorn in mich hineingelegt und beginnt sich zu entwickeln. Das Aufnehmen eines Bildes, das Hineingehen in eine durch den biblischen Text vorgegebene Rolle wird auch »Identifikation« genannt und verläuft prozeßartig. Im Bibliodrama ist, wenn man es etwas schematisch festhält, ein sich häufig ähnlich entwickelnder Identifikationsprozeß in drei Phasen zu beobachten. Sie sollen im folgenden beispielhaft skizziert werden:

1. Phase (die Identifikation bewegt sich zunächst in horizontaler Richtung): Zuerst erscheinen viele vertraute, allgemein bekannte Erfahrungen aus dem persönlichen Familiendrama.
– So bin ich die für ihr krankes Kind alles in Bewegung setzende Mutter (die kanaanäische Frau)
– die zuverlässige Schwester, die mit Neid und Vorwurf die Eskapaden ihrer Mitschwester ansehen muß (Martha)
– der angesehene, erfolgreiche Mitbürger (Nikodemus, der reiche Jüngling)
– der ungerecht entlohnte Arbeitnehmer (im Weinberg).

Selbst Jesus betritt die Bühne vor der Taufszene als ein in nichts herausragender Handwerker, dem man den besonderen Auftrag, der ihn zu einem Christus wandeln wird, noch in keinerlei Hinsicht ansieht. In diesen Anfangsszenen geht es manchmal anscheinend banal zu, und manch einer stößt sich an völlig im Diesseitig-Aktuellen schwelgenden Anfangsszenen. Natürlich kann ein Spiel schon hier steckenbleiben, und dann erhebt sich die Frage, ob es dies nun gewesen sei. Meist entfaltet sich aber im zweiten Schritt etwas Neues, der Identifikationsprozeß ändert seine Richtung.

2. Phase (die Identifikation dringt vor in die Vertikale, in die Tiefe unterer Schichten): Vergleichbar einer in die Vertikale verlaufenden Kettenreaktion entfaltet sich eine schöpferische Energie, die den einzelnen Spieler und das aufeinander bezogene gemeinschaftliche Handeln ergreift. Zwar versucht das rationale Ich, die Situation so lange wie möglich unter Kontrolle zu halten, aber die energetische Wirkung der in einer Rolle schlummernden Kräfte kann diese Kontrolle für Augenblicke aufheben. In diesen »großen Augenblicken« wird durch

das Alltagsbewußtsein hindurch eine Bresche geschlagen. Eine Teilnehmerin sagt von einem solchen Moment: »Es ist, als ob sich ein Fenster im Himmel öffnet und ich einen Augenblick hinaus in die Ewigkeit sehen kann.«

An diesem Punkt hat der Spielende eine natürliche Grenze seiner bisherigen Identifikationsmöglichkeiten erreicht. Das vertraute Familiendrama muß verlassen werden. Die größeren, hinter ihm liegenden archetypischen Urbilder des ewigen menschheitlichen Dramas in seiner Beziehung zum Letzten, zum Wesenhaften, zu Gott leuchten auf. In der vorher individuell erlebten Rolle wird jetzt der kollektive Archetypus erfahren. Hinter dem Wanderer wird der »ewige Wanderer« sichtbar und überhaupt die Wanderschaft des Menschen; hinter dem Hirten erscheint der »große« alles beschützende »Hirte«, das Haus wird zur »Heimstatt«, die Mutter zur »Großen Mutter«. Die aktuellen vertrauten Erfahrungen aus dem individuellen Familiendrama werden in solchen Augenblicken transzendiert. Die Spieler spüren die dahinterliegenden archetypischen Ursituationen. Man ist nicht mehr gebunden an die aktuelle Problematik. Der erweiterte Blick erkennt die eigene Situation als Mutter, Schwester, Vater, Bruder in einem größeren Zusammenhang. Solche religiös gesprochen »Offenbarungserfahrungen« ereignen sich meist als sanfte und hinterher oft beglückende Berührung mit dem Reich des Numinosen.

Hier werden auch Phänomene erfahren, die auf die transzendente Qualität der Situation hinweisen: Die Teilnehmer sagen von sich: »Mir geht ein Licht auf« und »Es scheint, als ob Zeit und Raum aufgehoben sind und ›alles‹ gleichzeitig gegenwärtig anwesend ist.« (Siehe die späteren Ausführungen und Beispiele.)

Man muß als Leiter ein besonderes Gespür, eine Wahrnehmungsfähigkeit für die numinose Dimension der äußerlich häufig ganz undramatischen Situation entwickeln, um sie zu erkennen. Oft scheint an dieser Grenzstelle nur eine atmosphärische Veränderung fühlbar. Das Spiel verläuft in einer besonderen Dichte und Intensität. Worte und Gesten der Spielenden bekommen symbolisches Gewicht. Der banale

Charakter der Anfangsszenen ist verschwunden, man hat den Eindruck einer Tiefenbegegnung.

3. Phase (Rücknahme der Identifikation): Der dritte Schritt liegt in der Rücknahme der Identifikation mit der archetypischen Gestalt. Was erlebt worden ist, ist Keim für eine eigene Entwicklung. Der Spieler sollte nicht in der bewußten oder unbewußten Identifikation mit dem Archetypus hängenbleiben. Es gehört zur Hygiene einer Bibliodramaarbeit, diesem Schritt genügend Zeit und Sorgfalt zu widmen. Das ewige Menschheitsdrama schrumpft wieder zusammen zu meiner persönlichen Geschichte, jetzt aber angereichert mit dem Wissen um die größeren Zusammenhänge.

Wenn von jemandem im Verlauf einer Bibliodramaarbeit eine direkte religiöse Erfahrung gemacht worden ist, so kann er davon zwar sehr beeindruckt sein, weiß aber doch oft nicht so recht, wie er damit umgehen soll. Man muß bedenken, daß die Eindrücke oft ungewöhnlich sind und eine Grenze der Mitteilung und der Mitteilbarkeit erreicht ist. Es ist schwierig oder sogar unmöglich, eine solche Erfahrung zu schildern, und es kommt eine natürliche Scheu hinzu, sich anderen gegenüber zu öffnen. Dies ist ein ernstzunehmender Impuls, denn unter Umständen bedarf das Erlebte des Schutzes. Es sollte im Verborgenen eines inneren Raumes eine Zeitlang gehütet werden oder nur in einem Vertrauensraum mitgeteilt werden. Später, sozusagen zum rechten Zeitpunkt, wird es von selbst nach außen gelangen.

VII.

Bei aller Verschiedenheit der einzelnen Situationen treten Transzendenzerfahrungen im Bibliodrama in einer einander ähnlichen, allgemein wiederkehrenden Phänomenologie auf. Eine vergleichbare religiöse Symbolik für das Erscheinen des Göttlichen in all seinen Abstufungen kennen wir aus den sakralen Geschichten früher Kulturen, den weltweiten Götter- und Heroengeschichten der Mythologien. Zwei besonders auffallende Phänomene sollen herausgehoben werden:

1. Die Veränderung des Zeitbegriffes: Die Dimensionen von Zeit und Raum scheinen aufgehoben zugunsten einer »Zeitenfülle«, einer ewigen Zeit, eines göttlichen Heute, eines ewigen Augenblicks.

Erst wenn die gewöhnliche (chronologische, irreversible) Zeit aufhört, kann die »ewige Zeit« beginnen. Ein Rückblick in die Geschichte des Zeitbegriffs zeigt, daß die Zeit ursprünglich als eine der höchsten Manifestationen der höchsten Gottheit erfahren wurde. Sie galt als das göttliche Geheimnis des Lebensstromes, der ihr entquillt, als Weltseele mit ewig zeugender Kraft. »Augenblicksgötter« wie der griechische Gott Kairos (er stellte den rechten Zeitpunkt für eine bestimmte Handlung dar, und man mußte ihn beim Schopfe packen, weil er sonst entschwand) wurden als Ursache der Ereignisse angesehen, die den Menschen aus seinem Lebensstrom rissen und sein Leben ständig veränderten. Es entwickelten sich im Zuge der weiteren Menschheitsentwicklung vor allem zwei qualitativ unterschiedliche Zeitbegriffe, eine statische, endliche real meßbare Uhr-, Tages-, Lebenszeit und eine dynamische, unendliche »Erfüllung der Zeit«, die in den besonderen Erfahrungen der »großen Augenblicke« wahrnehmbar scheint[12]. Der Mystiker Meister Eckehart sagt: »Dann ist der Tag voll, wenn vom Tag nichts mehr übrig ist. Soviel ist sicher, alle Zeit muß fort sein, wo diese Geburt (Gottes in der Seele) anheben soll!... Das ist das Jetzt der Ewigkeit, wo die Seele in Gott alle Dinge neu und frisch und gegenwärtig gewahrt.«[13]

Eine ähnliche Zeiterfahrung drückt sich in der modernen Philosophie aus. Hier gilt der Augenblick als wesentliche Kategorie der Existenz. Kierkegaard verstand den Augenblick als Schnittpunkt zwischen Zeit und Ewigkeit. Er ist die Stelle, an der der Einzelne aus dem Getriebe der Zeit, der Kausalität und der Notwendigkeit heraustritt. Im ewigen Jetzt, im Heute wird der Mensch seiner Freiheit und der Bestimmung des eigenen Wesens – bezogen auf Gott – inne[14].

Wer einmal im Bibliodrama eine solche existenzielle Zeiterfahrung gemacht hat, weiß, wie nachhaltig beeindruckend und geradezu wunderbar sie ist. Dennoch, und davon spricht Tillich in einem Brief aus dem Jahre 1959, können solche »Kairos-Erlebnisse« für den Menschen auch furchtbar und erschreckend sein, wenn sie in das bewußte Einzelleben eingreifen. Die biblischen Propheten und Jesus sind von einer solchen Gotteserfahrung erfaßt. Nach einer langen Lebenserfahrung sagt Tillich im Rückblick auf die »großen Augenblicke«: »Solche Momente aber sind selten, sie bereiten sich lange vor, sie wirken lange nach, aber ihr Durchbruch ist ein kurzer, erschütternder und Wandlung bringender Augenblick.«[15]

2. Die Lichterscheinung des Göttlichen: Das Erscheinen des Göttlichen taucht alles in einen überirdischen Glanz, in ein besonderes Licht. Es eröffnet den Durch-Blick auf etwas vorher nicht Sichtbares, es erhellt einen vorher im Dunkeln liegenden Raum. Oft gilt die Sonne (zum Beispiel der ägyptische Sonnengott Re, aber auch Jesus Christus wird oft als Sonne bezeichnet) als Verkörperung dieser göttlichen Qualität. Was die Sonne mit ihrem Licht erreicht, kann vom Menschen gesehen werden, kann ihm offenbar und bewußt werden.

Im Nachgespräch taucht das göttliche Phänomen »Licht« häufig in übertragener Bedeutung auf, gibt aber damit einen Hinweis auf dahinterliegende Erfahrungen, in denen etwas offenbar wurde. Im Wortlaut:
– Mir ist plötzlich ein Licht aufgegangen
– Mir sind die Augen aufgegangen
– Plötzlich habe ich gesehen / durch-schaut
– Mir ist auf einmal ganz klar gewesen
– Vorher muß ich blind gewesen sein
– Es war wie eine Offenbarung
– Als ob sich ein Fenster im Himmel öffnet
– Blitzartig wurde mir deutlich

Auffällig bei diesen Sätzen ist auch der Hinweis auf die Plötzlichkeit, den blitzartigen Einbruch der göttlichen Erscheinung. So wurde Saulus in der biblischen Darstellung auf dem Weg nach Damaskus von einem Blitz zu Boden geschleudert und ging aus diesem Ereignis gewandelt als ein Veränderter hervor, er wurde der Apostel Paulus.

Viele Verkündigungs- und Berufungsszenen beginnen mit einem Lichtereignis. Auf Bildern der Maler sieht man einen von oben auf den gemeinten Menschen gerichteten Lichtstrahl oder ein Strahlenbündel, manchmal scheint auch die ganze Sonne (Mariä Empfängnis, die Verkündigungsszene bei den

Hirten auf dem Felde, Jesu Taufe, das Pfingstwunder). Das Auftreten der göttlichen Engel-Boten erschreckt durch seinen starken Lichterglanz, das Erscheinen der frohen Botschaft ist anfänglich furchterregend für die Menschen. Gottesbegegnungen sind symbolisiert durch Lichterscheinungen: Moses Erlebnis des brennenden Dornbusches, Maria Magdalena wird im Grab von einer Lichtgestalt empfangen. Die Wirkung einer Erleuchtungserscheinung in der Bibel ist ähnlich: Derjenige, der eine solche Offenbarung erlebt, bekommt eine neue Orientierung, er bekommt eine Richtung gezeigt, er wird durch einen Auftrag bestimmt; die Propheten sind beispielhaft für die Wirkung dieser Erfahrung, man denke auch an die vielfältigen auf diese Weise angeregten Exodus-Erzählungen. In diese Aufzählung sind ebenso die Traumszenen des Jakob, Josef und anderer einzubeziehen. Aus der griechischen Mythologie ist die Gestalt des blinden Sehers Teiresias zu erwähnen. Er erblindete, nachdem er die Göttin Athene unbekleidet bei ihrem Bad am Fluß gesehen hatte. Zur Strafe mußte er das äußere Sehen verlieren, gewann aber göttliche Seherkräfte. »Gott zu begegnen«, bedeutet für den Menschen, von übermächtigen Kräften erfaßt zu werden. Deshalb werden von alters her, und darin liegt eine große Weisheit, unmittelbare religiöse Erfahrungen kanalisiert und in Ritualen gebannt, so daß der Mensch vor ihrer manchmal lebensbedrohlichen direkten Wirkung geschützt ist.

VIII.

Ich gebe im folgenden vier Beispiele aus der Arbeit. Sie zeigen »Stationen«, die ein einzelner in seinem Identifikationsweg erreicht hat. Wie schon vorher gesagt wurde, sollten im allgemeinen religiöse Erfahrungen nicht zu früh beschrieben werden, sondern Zeit zum Ausreifen in einem geschützten Raum haben. Wenn einmal in einer sehr vertrauensvollen Situation von einer solchen Erfahrung erzählt wird, überträgt sich die Berührung unter Umständen auf die anwesenden Zuhörer, und es entsteht eine allgemeine Ergriffenheit. Hieran wird deutlich, daß auch ein einzelner Teilnehmer stellvertretend für die Gruppe allein von einer Erfahrung betroffen werden kann. Er kann sie durch seine Mitteilung und über den gemeinsam erlebten, oft leidensvollen Prozeß, bei dem ihn die Gruppe begleitet hat, wieder als initiatischen Anstoß und Geschenk in die Gruppe zurückgeben.

Als erstes Beispiel gebe ich den Bericht eines Teilnehmers wieder aus »Kain und Abel« (Genesis 4). Es geht darum, eine Wandlungserfahrung zu zeigen, in der es zu einer gegenseitigen Durchdringung der beiden Ebenen, des »kleinen Alltäglichen« und des »großen Ewigen«, kommt. Im Laufe des Spiels entsteht folgende Szene:

Nachdem Kain seinen Bruder Abel erschlagen hat, sitzt Kain vor dem Richterstuhl Gottes, und Gott zieht ihn zur Rechenschaft: »Kain, warum hast du deinen Bruder erschlagen?« Kain wehrt sich: »Du hast ihn grundlos vorgezogen und sein Opfer angenommen. Mein Opfer hast du nicht beachtet. Wut, Neid und Eifersucht trieben mich dann, meinen von dir bevorzugten Bruder zu töten. Und ich frage dich, Gott, warum hast du mich so geschaffen, daß ich sogar den eigenen Bruder töte?« Gott antwortet ihm: »Ich habe dich so geschaffen, daß du in Freiheit wählen kannst, ob du gut oder böse handeln willst!« Kain entgegnet: »Sieh dir unsere Welt heute an. Sie ist vollgestellt mit lebensbedrohenden Waffen. Ich habe nur den Bruder getötet. Heute kann sich die ganze Menschheit selbst umbringen. Hast du dich nicht vertan, Gott? Hast du uns nicht zuviel Freiheit gegeben, die wir so mißbrauchen, daß wir uns selbst und deine ganze Schöpfung zerstören können?«

Einen Augenblick herrscht Stille. Gott reagiert unerwartet. Er kann nichts mehr sagen. Er weint.

Kain steht von seinem Platz auf, geht auf Gott zu und umarmt ihn. Gott umarmt auch Kain. Beide weinen.

Kommentar des Teilnehmers:

Sowohl Kain wie auch Gott ist ein »Licht aufgegangen«. Wie schwach, ohnmächtig und mitleidend haben sie Gott erlebt. Greifbar, fühlbar nah ist ihnen der Gott gekommen, der am Kreuz hängt. Das Verhältnis allmächtiger Gott und schwacher Mensch hat sich verändert. Beide können in der aussichtslosen Lage weinen, beide finden zueinander. Sie sind nicht mehr isoliert, der eine »unten«, der andere »oben«. Gott und Mensch haben sich umarmt. Aus der Konfrontation und Beschuldigung ist Freundschaft geworden. Beide können nun mit neuen Augen die Welt sehen und sich mit neuem Mut gegen den Tod für das Leben einsetzen.

Beide Protagonisten hat das Spiel so stark angerührt, daß sie es nicht vergessen werden. In ihnen sind tiefere Schichten aufgebrochen, die zu einem neuen Verständnis von Gott und Mensch geführt haben. Diese tieferen Schichten setzen Kräfte frei, das Leben in einem größeren Einverständnis anzunehmen, obgleich es weiterhin auch Schuld und Ohnmacht beinhaltet. Sich liebend und geliebt wissend als Teil dieser Schöpfung ermöglicht es, die Welt neu zu sehen und in ihr zu handeln. Im Spiel haben sich »Gott« und »Mensch« versöhnt, die mächtigen und ohnmächtigen Teile im Menschen. Die Spieler haben in einer gegenseitigen Erschütterung zueinander gefunden und gehen als Versöhnte und Veränderte aus ihrer Begegnung hervor.

Das zweite Beispiel zeigt eine Szene aus der Geschichte von Jesu Seewandel (Matthäus 14,22–26). Hier wird eine Erfahrung mitgeteilt, die gemacht wird, als die Teilnehmer Bilder zum biblischen Text malen. In dem später beschriebenen Bild eines Teilnehmers lassen sich Ausdruckselemente erkennen, die als archaische Vorform einer frühen Religionsstufe angesehen werden können. Die numinose Dimension der »Gespenst«-Erscheinung wird vielfach widergespiegelt.

Nachdem Jesus die Jünger genötigt hat, im Boot ans gegenüberliegende Ufer vorauszufahren, steigt er allein auf den Berg, um zu beten.

»Und als es Abend geworden war, war er allein dort. Das Schiff war jedoch schon mitten auf dem See und litt Not von den Wellen; denn der Wind war entgegen. In der vierten Nachtwache aber kam er zu ihnen, indem er auf dem See wandelte. Als aber die Jünger ihn auf dem See wandeln sahen, erschraken sie und sagten: Es ist ein Gespenst, und schrien vor Furcht.«

Aus der Symbolik der Gesamtsituation, die im Text geschildert wird, lassen sich einige Anzeichen für die Dimension des Numinosen erkennen: Der »Berg« als heiliger Ort der Götter, das Alleinsein, der »Abend« als Pforte für den Eintritt in den

Bereich der Dunkelheit, des Unbewußten. Die Jünger sind in einer lebensbedrohlichen Situation ohne Orientierung, sie sind ohne Jesus auf dem »Wasser«, das ebenso wie die »Nacht« in den Bereich der »Großen Mutter«[16] gehört. In diesem Augenblick sehen sie etwas, was sie furchtbar erschreckt: »Es ist ein Gespenst.« Glücklicherweise erscheint Jesus bald und rettet sie. Es ergibt sich leicht, das Auftauchen dieser »Gespenst«-Erscheinung als Angstgespenst der Jünger zu sehen.

Ihr Auftauchen ist eng mit dem Erscheinen der Jesusgestalt verbunden. Das »Gespenst« löst in den Jüngern eine sie überwältigende Empfindung, gleichsam einen »heiligen Schrecken« aus. Es könnte in diesem Moment (das ist ein Aspekt unter vielen möglichen) die Anwesenheit einer durch die Jünger widergespiegelten »niederen« dämonisch-göttlichen Qualität symbolisieren. Das Numinose zeigt sich doppeldeutig mit zwei gegensätzlichen Gesichtern: als furchterregendes Gespenst auf der einen Seite, als der vertraute, Rettung bringende Jesus auf der anderen Seite.

Im Spiel hat die Gruppe die Situation der Jünger als bedrohlich, aber auch als geheimnisvoll und anziehend erlebt. Es wird deutlich, daß hinter der schwer faßbaren, dunklen Erscheinung auf dem Wasser eine mächtige Energie wirksam ist. Man weiß nicht, wie das, was hinter und in diesem Schatten verborgen ist, geartet ist. Ist es gut oder böse, hell oder dunkel, aufnehmend oder zerstörend? Oder beides zugleich? Symbolisiert das »Gespenst« den Wandlungscharakter des numinosen Geschehens, dessen furchterregenden negativen Pol es darstellt im Gegensatz zum vertrauenerweckenden positiven Gegenüber der Jesusgestalt? Das Phänomen »Gespenst« läßt die Gruppe auch nach dem Spielen nicht los. Als eine vertiefende Möglichkeit, auszudrücken, was hinter dieser Äußerung bei jedem einzelnen auftaucht, wird das Gespenst gemalt. Das Medium des Malens erweist sich an dieser Stelle als sehr bereichernd. Die intuitiv gemalten Bilder geben Auskunft von dem, was in tieferen Schichten des seelischen Unbewußten angerührt worden ist. Sie lassen es für Augenblicke transparent, bewußt erfahrene Wirklichkeit werden. Die Beschreibung eines Bildes lautet:

Im Zentrum der Bildfläche ist ein archaisch anmutender Riesenengel zu sehen. Er hält, offenbar weit herausragend im Wasser des Sees watend, das Boot mit den Jüngern schützend in seinen ungeschlachten Händen. Mit freundlich lächelnden Augen und einem riesigen, menschenfresserartigen Mund beugt er sich zu den Jüngern hinunter. Er merkt dabei nicht, daß diese durch seinen Anblick zu Tode erschrocken sind, daß sie sich mit gegen ihn ausgestreckten Armen vor ihm schützen wollen.

Kommentar:
Der Riese ist ein Urengel, der noch nicht sehr kultiviert ist, der aber angefangen hat zu lieben. Er ist aber noch nicht richtig geübt im Umgang mit Menschen. Er ist gutartig, hat aber noch sehr rohe Seiten.

Es ist auffällig, daß in vielen Bildern die unpersönliche, dämonisch-mächtige Qualität der Gespensterscheinung zum Ausdruck kommt. Ebenso wird der verführerische »sirenenhafte« Charakter dargestellt. Das Phänomen der Doppeldeutigkeit des Numinosen tritt in der Wandlungsgestalt des archaischen Riesenengels hervor. Er kann als noch sehr rohe »niedere« Vorform eines späteren höher entwickelten Engels gelten. Die Perspektive erwächst (Kommentar) daraus, daß dieser archaische Riesenengel »angefangen hat zu lieben«.

Drittes Beispiel: In einer Übung zur selben Geschichte findet eine Identifikation mit den Jüngern statt. Der Text wird noch einmal vorgelesen, und die Teilnehmer imaginieren hierzu mit geschlossenen Augen. Beim Imaginieren geht es darum, eigene innere Bilder, die durch die Worte des Textes hervorgerufen werden, wahrzunehmen. Es ist erstaunlich, später zu hören, wie viele verschiedene innere Bildergeschichten vom gleichen Text hervorgerufen werden. Sie zeigen die vielfältigen Aspekte, die, von jedem einzelnen individuell widergespiegelt, hinter den Worten verborgen sind. Dennoch ist auch hier eine gemeinsame Erfahrung auffällig. In mehreren Geschichten kommen »Lichterscheinungen« vor, die später als Erscheinung des Gottes, des Göttlichen gedeutet werden. In dem folgenden Bericht über eine solche innere Bildergeschichte ist wieder die

Wandlungsgestalt des Numinosen zu erkennen, und es ergibt sich ein Hinweis auf ein weiteres Symbol, die Erscheinung eines »göttlichen Kindes«. Der Bericht lautet:

Ich (Identifikation mit einem Jünger) sitze in einem kleinen Boot auf dem See. Das Wasser ist ganz ruhig und spiegelt sich im Glanz der untergehenden Sonne. Dicht vor mir erhebt sich ein steiler Felsenberg, auf dem ich ein sehr großes weißes Kreuz sehe. Um das Kreuz herum ist etwas Lebendiges, nicht deutlich Erkennbares gewunden, vielleicht Pflanzen oder eine helle Schlange. Ich bin dann mitten auf dem See, ganz allein in meinem Boot. Das Wasser ist grau und aufgewühlt, der Himmel hat sein Licht verloren. Rechts von mir, von sehr weit her, kommt eine große dunkle Schattenwolke auf mich zu. Da ich keine Angst habe, sehe ich ihr entgegen.

Auf einmal löst sich aus dem Wolkenschatten etwas strahlend Helles und kommt auf mich zu. Es ist ein mich liebevoll anlächelnder kleiner Knabe, der über das Wasser auf mich zugeht.

Die Erscheinung verschwindet, ein Rest einer kleineren Schattenwolke ist mir ziemlich nahe.

Noch einmal verliert sie sich, und an ihrer Stelle erscheint ein mit Licht erfülltes Tor, das eine Zeitlang den Blick meiner Augen gefangenhält, das Wasser sehe ich in diesem Moment nicht mehr.

Ich komme an den Ausgangspunkt zurück, bin wieder in dem kleinen Boot auf dem See vor dem hoch aufragenden Felsengebirge. Wieder sehe ich das große Kreuz, es hat sich aber verwandelt, es ist jetzt ein schwarzes Kreuz.

Man kann sich nach solchen individuellen Imaginationserfahrungen fragen, an welches Bild man sich besonders erinnert. In dem vorliegenden Beispiel wurde die Erscheinung des »göttlichen Kindes«, das aus dem Wolkenschatten hervorgeht, wichtig. Dieses Bild wird von dem Teilnehmer als »Hoffnungsbild« erlebt, das er mit sich und in sich in seinen persönlichen Lebensalltag tragen und das ihm in schwierigen Situationen Beistand leisten kann.

Anmerkung: Nicht alle Teilnehmer verfügen über eine Begabung zum Imaginieren, das ist bei diesem Zugang zu bedenken.

Das folgende vierte Beispiel zeigt eine sehr starke Symbolerfahrung. Die numinose Qualität, die im Text verborgen ist, wird von der Gruppe in einem erstaunlichen Maß zugelassen und widergespiegelt. Im Bericht aus der Zuschauerrolle wird deutlich, daß der offenbar sehr intensive Identifikationsprozeß eine ungewöhnlich dynamische Entwicklung erfährt.

Auffallend ist bei diesem Bericht das Anwachsen einer »numinosen Gefühls-Gestimmtheit« des erzählenden Zuschauers. Beide Phänomene der Transzendenzerfahrung werden erlebt, die Veränderung der Zeiterfahrung und das plötzliche, beängstigend autonome Auftreten einer Lichterscheinung. In der Meditation können ähnliche Phänomene erfahren werden. Es ist erhellend, darauf zu achten, welche Symbole in einem Spiel sichtbar werden. Man kann sich später kognitiv mit den zahlreichen Bedeutungen und Bezugsebenen dieser Symbole oder Bilder vertraut machen. Nicht, um sie in eine konkrete Begriffssprache zu übersetzen, das wäre ein Irrweg. Sondern um die tiefe, oft paradoxe Realität des Lebens (und der eigenen Seele) zu erkennen und aufzunehmen, die in den Symbolen (Bildern) veranschaulicht wird. Im nachfolgenden Beispiel treten u. a. die Symbole »Erde« und »Steine« hervor. Ihre Symbolik kennenzulernen, könnte nach dem im folgenden geschilderten Spiel zu einer weiteren Vertiefung und Einsicht in das Erlebte beitragen. Auch schafft die kognitive Verarbeitung ein manchmal beruhigendes Gegengewicht zur möglicherweise als beängstigend erlebten Autonomie unmittelbar auftretender Transzendenzerscheinungen.

»Als Jahwe Gott Erde und Himmel machte und es alles Gesträuch des Feldes noch nicht gab auf Erden und alles Kraut des Feldes noch nicht sproßte, weil Jahwe Gott (noch) nicht hatte regnen lassen auf die Erde, und (als) es noch keinen Menschen gab, den Erdboden zu bebauen, und (noch) kein Quellstrahl (?) aufstieg aus der Erde und die ganze Oberfläche des Erdbodens tränkte, da bildete Jahwe Gott den Menschen aus Erdkrume vom Erdboden und blies Lebensodem in seine Nase; so wurde der Mensch ein lebendes Wesen« (1. Mose 2,4–7).

Die Gruppe hat sich die zweite Schöpfungsgeschichte vorgenommen und inszeniert in einzelnen Bildern die Umsetzung des Textes ins Spiel. Der Bericht aus der Zuschauerrolle zeigt, daß der bibliodramatische Prozeß alle Anwesenden ergreifen kann, nicht nur die Spieler. Als Rollenmöglichkeiten werden vorgeschlagen »Erde/Erdkrume«, »Jahwe Gott«, die Situation des »Noch Nicht«, »Quellstrahl«. Der Bericht lautet:

Als Vorbereitung wird der Raum ins Halbdunkel versetzt. Nacheinander betreten drei Spieler langsam und schweigend die Bühne. Jeder sucht sich einen einzeln gelegenen Platz und legt sich wortlos auf den Boden. Wir sehen zu und warten. Aber es geschieht nichts weiter. Die Gestalten bleiben unbewegt, in sich ruhend. Eine wie ein eingekrümmter Embryo, die andern wie Steine, ohne sinnlichen Kontakt zu uns »draußen«. Im Raum ist es inzwischen sehr still geworden, und es scheint, als sei diese Stille noch fast körperhaft angewachsen. Plötzlich scheint etwas mit den Gestalten am Boden, mit dem Raum, mit mir vorzugehen. Ich spüre meinen angehaltenen Atem. Verwundert und fasziniert stelle ich fest, daß sich etwas ganz Wesentliches für mich verändert hat. Die wie Steine und wie ein Embryo am Boden liegenden Gestalten scheinen mich anzusprechen, ja anzustrahlen, gleichsam als »wirklich« Steine und Embryo. Es sind nicht mehr nur die drei Menschen, sondern gleichzeitig etwas wesenhaft Unpersönliches von Stein und Urform in einem tief aufgedeckten Urzustand.

Die tiefe Stille ist weiter angewachsen und füllt jetzt den ganzen Raum. Eine körperhafte Stille, aus der sich für mich etwas noch Verborgenes entwickeln kann, eine Stille, von der alle ergriffen scheinen. Ich spüre, wie vom lautlosen Geschehen auf der Bühne für mich eine große Kraft ausgeht. Es wundert mich nicht, im nächsten Moment quer durch den Raum in Kopfhöhe eine etwa 30 cm breite, mild leuchtende Lichterscheinung zu sehen, so sehr fühle ich mich eingebunden, gegenwärtig in diesem besonderen Geschehen. Es kommt mir in diesem Moment so vor, als sei ich in eine andere Dimension eingetreten, in der etwas uralt Vergangenes, die Steine und die Zeit des »Anfangs«, real und anwesend in meine Gegenwart hinein existiert. Ich komme mir auch vor wie in einem Traum. Ich könnte losspazieren und die Orte des »Anfangs«, die Steine, die »Erde« besuchen, mit ihnen sprechen und ihnen zuhören.

Die ganze Zeit über, die mir sehr reichlich vorkommt, sehe ich den mild scheinenden, aus sich heraus leuchtenden Lichtstrei-

fen. Ich denke, das ist jetzt gekommen, weil niemand gewagt hat, die Jahwe-Gott-Rolle zu übernehmen. Bei diesem Gedanken ist mir etwas unheimlich, weil das ganze Geschehen, so gesehen, einen beängstigend autonomen Charakter hat. Dann gibt es eine Spielunterbrechung, die Erscheinung ist verschwunden. Ich bin immer noch erstaunt, etwas so Sanftes und Besonderes erlebt zu haben. Es löst in mir ein Empfinden aus, als sei ich getröstet worden. Ich möchte gern noch etwas in diesem Nachsinnen verweilen, aber die Gruppe ist schon woanders. Ich möchte am liebsten gleich jemanden fragen, ob er das Licht auch gesehen habe.

Im Nachgespräch kommt zum Ausdruck, daß auch die Spieler und einige Zuschauer die numinose Qualität der Szene empfunden haben. Deutlich wird die Veränderung des Zeitbegriffes. Die Beschreibung »reichliche« Zeit erinnert an die »Zeitenfülle«.

Der Bericht des Zuschauers zeugt davon, daß sich für ihn in seiner Anschauung etwas Wesentliches verändert hat. So offenbart sich ihm zum Beispiel im Zusammenhang mit den Steinen eine übernatürliche Realität. Sie manifestiert sich für ihn nach seinem Bericht darin, daß er die Steine plötzlich »ganz anders« sieht: Von ihnen geht eine Strahlung aus, er sieht sie wie in einem »tief aufgedeckten Urzustand«, als Bestandteil einer ewigen Zeit, einer Zeit des »Anfangs« der Menschheitsgeschichte. Allgemein gesprochen: Man kann annehmen, daß der Zuschauer in seinem Bericht ein eigenes religiöses Erlebnis, eine Anschauung des Heiligen beschreibt, die er in dieser für ihn besonderen Situation gehabt hat. Jung spricht davon, daß der Mensch durch eine solche Erfahrung einen Schatz besitzt, der ihm zu einer »Quelle von Leben, Sinn und Schönheit« werden kann. Auch kann das Wissen um die »anderen«, geheimen Welten dazu helfen, das eigene Leben auf einer doppelten Ebene zu leben oder, wie Dürckheim sagt, in einer bewußten Rückbindung an den doppelten Ursprung des Menschen.

Das zweite Bild dient der Darstellung des Quellstrahls, des die Erde befeuchtenden Wassers. Eine Spielerin, die vorher »Stein« dargestellt hatte, beschreibt die Wirkung des Wassers:

Jetzt verstehe ich, warum es »Wasser des Lebens« heißt. Vorher war ich nur einfach da, wie »vor allem«. Eigentlich hatte ich da überhaupt keine Eigenschaften. Aber als das Wasser dazu kam, bewegte sich auf einmal etwas, und schließlich war ich ganz lebendig. Mir kam das so vor, als ginge ich durch etwas hindurch dabei, wie in einen anderen Zustand.

Die meisten der vorgestellten Ausschnitte entstammen Bibliodramagruppen, die über einen längeren Zeitraum regelmäßig zusammenarbeiteten. Im Verlauf einer kontinuierlichen Arbeit können zur Vertiefung jeweils verschiedene Zugänge gewählt werden. Ich finde es außerordentlich wertvoll, wenn eine Gruppe und darin jeder einzelne Teilnehmer und die Leiter sich genügend Zeit und Raum für ihre Entwicklung geben. So kann allmählich ein Vertrauensboden wachsen, ein Schutzraum entstehen, in dem das religiöse Thema ernst genommen und aufgenommen wird.

IX. Schlußbemerkung:

1. Bibliodrama bietet einen Ort, an dem religiöse Erfahrungen gemacht werden. Diese Erfahrungen sind oft als kleine, sanfte Berührungen mit dem Bereich des Numinosen vorzustellen. Sie sind eingebunden in einen auch von anderen Seiten unterstützten persönlichen Reifungsweg (Tiefenpsychologie, Exerzitienpraxis). Ihre initiatische Wirkung dient einer langsamen Erweiterung und Öffnung des ganzen Menschen. Diese Erweiterung findet als vorsichtige Annäherung an den Bereich des Religiösen statt. Sie ist eingebettet in den Respekt und Schutz des Wissens darum, daß große beängstigende Erfahrungen möglich sind, wenn man erst einmal das rational-wissenschaftliche Gedankengebäude der äußeren Realität verläßt. Die rücksichtslosen modernen »Entfesselungstherapien« (Dürckheim) bieten ein abschreckendes Beispiel für einen respektlosen Umgang mit dem Unbewußten (Numinosen).
2. Religiöse Erfahrungen im Bibliodrama werden als sinngebende Erfahrungen lebendiger Religiosität erlebt. Sie tragen zu einem Wachstum des religiösen Glaubens bei. Im Hinblick

auf die »großen Augenblicke« habe ich mir oft vorgestellt, daß Menschen hier etwas wie eine »seelische Wiedergeburt« erleben und daß die Arbeit, die in diesem Umfeld geleistet wird, einer Hebammentätigkeit gleiche. Diese Bilder, die mit dem Gedanken einer fortwährenden Erneuerung des Menschen zu tun haben, zeigen eine Richtung auf, in der ich die Bibliodramaarbeit verstehe. Ein Jesuswort aus dem Nachtgespräch mit Nikodemus stelle ich an den Abschluß. Es drückt diesen mir wichtigen Gedanken noch einmal aus mit den bekannten biblischen Worten aus dem Johannesevangelium:

»Wahrlich, wahrlich, ich sage dir: Es sei denn, daß jemand von neuem geboren werde, so kann er das Reich Gottes nicht sehen. Nikodemus spricht zu ihm: Wie kann ein Mensch geboren werden, wenn er alt ist? Kann er auch wiederum in seiner Mutter Leib gehen und geboren werden? Jesus antwortete: Wahrlich, wahrlich, ich sage dir: Es sei denn, daß jemand geboren werde aus Wasser und Geist, so kann er nicht in das Reich Gottes kommen. Was vom Fleisch geboren wird, das ist Fleisch; und was vom Geist geboren wird, das ist Geist. Laß dich's nicht wundern, daß ich dir gesagt habe: Ihr müsset von neuem geboren werden. Der Wind bläst, wo er will, und du hörst sein Sausen wohl; aber du weißt nicht, woher er kommt und wohin er fährt. So ist ein jeglicher, der aus dem Geist geboren ist« (Johannes 3,3–8).

Tim Schramm
Bibliodrama und Exegese

»Bibliodrama« – das meint: ganzheitliche und methodenplurale Begegnung mit biblischen Texten. Dazu gehört konstitutiv mimetisches Spiel, Körperarbeit und Reflexion[1], *seelsorgerlich-therapeutische* Reflexion im Blick auf uns, die Teilnehmer am bibliodramatischen Prozeß, und *exegetische* Reflexion im Blick auf den Text. Bibliodrama ohne Exegese wird und kann es also nicht geben, ist Bibliodrama laut Definition und Erfahrung doch selbst »eine bestimmte Form der Textauslegung«[2] einschließlich exegetischer Reflexion. Zu fragen ist aber nach dem Ort und der Zuordnung der Exegese im Bibliodrama. Dazu möchte ich mit den folgenden Ausführungen einige Hinweise geben.

Wer das Bibliodrama als »eine bestimmte Form der Textauslegung und Textentfaltung« kennzeichnet, bescheinigt diesem Weg nicht nur prinzipiell eine exegetische Dimension, sondern er setzt damit auch einen weitgefaßten Begriff von Exegese voraus – und das ist gut, denn Exegese/Auslegung von Texten der Bibel hatte immer und hat auch heute viele unterschiedliche Gestalten. Nicht nur die sogenannte historisch-kritische Exegese ist Exegese, ganz entschieden nicht; sie konkurriert mit anderen Weisen der Auslegung, zum Beispiel mit pneumatischer oder theologischer, mit wilder oder narrativer Exegese, um nur diese Varianten praktizierter und praktischer Bibelauslegung zu erwähnen.[3] Die beiden zuletzt genannten »Weisen« verdienen dabei im Umkreis unseres Themas besondere Aufmerksamkeit: Sie verlassen je auf ihre Art die ausgetretenen Wege exegetischer Konvention und kommen so zu überraschenden Einsichten im Blick auf Texte der Bibel.

Bei dem Stichwort »*wilde Exegese*« denke ich unter anderem an einige Neomarxisten, die »unsere« Texte mit ihren Prämissen gleichsam gegen den Strich gelesen haben und deren Umgang mit der Tradition man deshalb dieses Etikett angehängt hat. Zum Beispiel Ernst Bloch, »Atheismus im Christentum«, 1968, Milan Machovec, »Jesus für Atheisten«, 1972 und Leszek Kołakowski, »Jesus Christus – Prophet und Reformator«, 1965[4]; »Der Himmelsschlüssel«, 1965.

Narrative Exegese legt Texte aus, indem sie sie nach- und neuerzählt; sie verzichtet – ohne selbst unkritisch zu sein – auf die manifest kritischen Arbeitsgänge »Deskription« und »Analyse«, bleibt dem Text nicht distanziert gegenüber, sondern taucht in ihn ein, setzt ihn neu in Szene.

Als faszinierende Beispiele nenne ich: Thomas Mann, Joseph und seine Brüder, 1933–1943; Stefan Heym, Der König David Bericht, 1974; Franz Werfel, Jeremias. Höret die Stimme, 1937; Michail Bulgakow, Der Meister und Margarita, 1968[5]; André Gide, Die Rückkehr des verlorenen Sohnes, 1961; Walter Jens, Der Fall Judas, 1975; Walter J. Hollenweger, Konflikt in Korinth/Memoiren eines alten Mannes. Zwei narrative Exegesen zu 1. Korinther 12–14 und Ez 37, 1978[6].

Vertraute Texte der Bibel werden hier mit Mitteln und auf Wegen, die wir auch im Bibliodrama nutzen, wieder aufgeführt. Narrative Exegesen amplifizieren ihre Vorlagen; sie beleuchten unausgeleuchtete Hintergründe; sie erkunden mit erlaubter Projektion Motive und Gefühle der handelnden Personen; sie machen Interviews; sie erzählen nach – und erzählen neu. Alle genannten Beispiele sind »Schlüsselromane« beziehungsweise »Schlüsseltexte«, das heißt, sie reden von der Vergangenheit und meinen zugleich immer auch die Gegenwart.

Vom Josephsroman zum Beispiel hat sein Verfasser gesagt, er intendiere Humanisierung des Mythos durch Psychologie – der 4. Teil läßt Joseph, den Wirtschaftsminister in Ägypten, als einen Vertreter des »new deal« der 30er Jahre auftreten. Ethan, der Weise, Schriftgelehrte und Historiker unter Salomo im »König David Bericht« – das »ist« Stefan Heym unter den Bedingungen der DDR[7]. Die Auseinandersetzung zwischen

Geist und Macht spiegelt sich facettenreich im Konflikt zwischen Jesus und Pilatus – und darin leuchtet auch und zugleich die Situation auf, in der M. Bulgakow im Rußland Stalins bestehen muß: »Der Meister und Margarita«. Der heimkehrende verlorene Sohn aus Jesu Gleichnis – und André Gide, der dem Drängen der Freunde zum Trotz nicht in die allein seligmachende Kirche zurückkehren kann und will, der deshalb als sein »alter ego« den jüngeren dritten Bruder »erfindet«, dem gelingen wird, was dem Vorbild aus Lukas 15 nicht gelang...

Das ist exemplarisch Auslegung der Gegenwart im Medium einer Geschichte der Vergangenheit – ohne Berührungsangst angesichts der altehrwürdigen Texte und ohne Scheu vor gezielter Projektion und absichtsvoller Variation im Umgang mit ihnen. Solche Nach- und Neuerzählung ist dem urchristlichen Gebrauch der Jesusüberlieferung durchaus verwandt – auch das Urchristentum hat seine Texte nicht archivarisch gehütet oder gar nur distanziert kommentiert, sondern zum Heil der jeweiligen Hörer gepredigt, das heißt neu inszeniert und mit erstaunlicher Freiheit »umerzählt«.

Mit dieser Erinnerung sind wir – so hoffe ich – eingestimmt, in einem etwas weiteren Horizont auf die historisch-kritische Exegese zu sprechen zu kommen. Sie ist es ja, die bei unserem Thema als Gegenüber besonders gefragt scheint – ein imaginäres Über-Ich, vor dem das Bibliodrama sich rechtfertigen und bestehen möchte? Ob eine/r in unserem Kreis diese spezielle Spielart des Umgangs mit Texten der Bibel liebt? Kann man sie lieben? Oder muß man sie allenfalls respektieren? Ihr Image war lange Zeit und ist auch jetzt nicht das beste; auch hier in Segeberg auf unserer Tagung hat es manche polemische Spitze gegeben: Historisch-kritischer Exegese haftet das Odium von Kargheit und Strenge an, sie steht für Kontrolle und Distanz; ihre analytisch-destruktiven Fähigkeiten sind dabei entschieden stärker im Bewußtsein als ihre konstruktiv-synthetischen Möglichkeiten. Das hängt wohl mit ihrer Geschichte zusammen. Sie hat sich ja erst nach langem Kampf gegen dogmatische Barrieren und kirchliche Bevormundung durchgesetzt – zumindest an den Universitäten und Schulen. Ihr erklärtes Ziel ist immer wieder: historisches Verstehen der biblischen Überlieferung; das hieß und heißt jeweils neu: den Abstand bewußtmachen, der zwischen uns und unseren Texten besteht – Verfremdung! Historische Kritik sagt: Täuscht euch nicht: Die Texte der Bibel sind fast 2000 oder mehr Jahre alt; sie scheinen nah, aber sie sind fern – sie stehen in fremden, nicht in unseren sozialen, politischen und geistigen Kontexten; Paulus schreibt an die Korinther und nicht an uns!

Wenn historische Distanzierung mit Hilfe eines hyperkritischen Methoden-Instrumentariums zum vorrangigen Ziel bei der Beschäftigung mit dem Text wird, dann kann es passieren, daß eine Studentin nach der Vorlesung kommt und sagt: »Ich will heiraten; wir suchen einen Hochzeitsspruch; welchen können wir bloß nehmen? Bibelworte kommen wohl nicht in Frage... das habe ich gelernt: Der 2. Jesaja spricht zur Gemeinde Israels im Exil, Jesus zu galiläischen Fischern und Petrus (der nicht Petrus war) zur Gemeinde in Rom, aber nicht zu mir und meinem Mann...«

So weit sollte es nicht kommen; vielleicht mußte es so weit kommen, damit Bibliodrama kam. Walter Wink, einer von denen, die in die Vorgeschichte von Bibliodrama gehören, war ein renommierter historisch-kritischer Exeget, ein Neutestamentler in Amerika; über die Begegnung mit der Jungschen Psychologie ist er zu einem Bibliodramatiker geworden... Vielleicht mußte die historische Kritik den Bogen überspannen, damit andere Zugänge wieder zum Zuge kommen konnten[8].

In Universitäten und Schulen ist die historische Kritik die uneingeschränkt herrschende Methode, bei den Frommen und in den Gemeinden dagegen wird sie – ähnlich wie die analytische Psychologie – nach wie vor als unbequem empfunden, soweit möglich verdrängt und gelegentlich scharf kritisiert[9]. Kritik der historischen Kritik ist aber auch innerhalb der exegetischen Disziplinen selbst laut geworden. Die historisch-kritische Exegese befindet sich in einer Phase der Selbstbesinnung, seit sie Anfang der siebziger Jahre in eine tiefgehende Identitätskrise geraten ist.

Peter Stuhlmacher zum Beispiel beklagt trotz stattlicher Prosperität der exegetischen Fächer einen »erschreckenden Niedergang« der neutestamentlichen Wissenschaft in Deutschland. In der »gegenwärtigen exegetischen Misere« möchte er einer »weiteren Verflüchtigung unserer wissenschaftlichen Arbeit in schulgebundene Esoterik und sachliche Unverbindlichkeit«[10] vorbeugen. Methodenkritik scheint ihm geboten und Kritik derer, die die Methoden anwenden. Die Reichweite historischer Arbeit wird neu und wohltuend bescheiden bedacht: Die historisch-kritische Methode ist danach unentbehrlich, aber entschieden keine Garantie für einen ganzheitlichen Zugang zur historischen Wirklichkeit. Ihre Defizite heißen unter anderem: Ungeklärtheit der Prämissen; Tendenz zur Isolierung; Stabilisierung von Fremdheit und Distanz – gegen die eigentliche Absicht der Texte, denen es ihrem Selbstverständnis nach nicht um historisches Bewußtsein, sondern um gegenwärtige Aneignung geht.

Die Texte der Bibel »sind nicht nur offen für die Gegenwart, ihr entscheidender Aspekt ist der Gegenwartsbezug«, deswegen dürfen – und seien unsere Texte noch so alt – »Pfeiler für die Brücke des Verstehens« nicht »eingerissen«, sondern sie müssen »sichtbar gemacht und befestigt werden«[11].

»Pfeiler für die Brücke des Verstehens sichtbar machen und befestigen« oder, anders formuliert, Sinninteressen der Tradition als Frage und vielleicht auch als Antwort für meine Gegenwart aufspüren und verstärken – das geht als Programm über die übliche Praxis exegetischer Arbeit weit hinaus und verspricht einen Distanz und Nähe umschließenden Umgang mit biblischen Texten. Dieser Ansatz verlangt eine bestimmte Haltung. Nicht von ungefähr wird deshalb im Zusammenhang solcher Überlegungen die schlechte »Attitüde des ›Kritischen‹« in die Schranken gewiesen, »die darin besteht, das Maß des ›Neuen‹, Extravaganten und Radikaleren zum Ausweis vernünftiger Kritik zu machen«[12]. Die von E. Troeltsch beschriebenen Prinzipien historischer Arbeit werden als ergänzungsbedürftig empfunden. Kritik, Analogie und Korrelation allein reichen nicht aus; sie haben mit der Betonung von Sachkritik und Zweifel den Leser und Ausleger der Texte eingeladen, sich sehr viel mehr als Herr und Richter der Tradition zu fühlen denn als ihr Adressat. Deshalb hat man vorgeschlagen,

Troeltschs Prinzipien um ein viertes zu ergänzen, und zwar – Martin Buber zu Ehren – um das des »Vernehmens«[13].

Gemeint ist damit »die Bereitschaft, geschichtlicher Überlieferung in der (keineswegs illusionären!) Erwartung zu begegnen, aus dieser Überlieferung Neues über Menschsein, Wirklichkeit und Geschichte zu erfahren«, mit dem Ziel der »Ausbildung eines dialogischen Bewußtseins gegenüber der Tradition«, das freilich nur entstehen kann, wenn wir »den cartesischen Urteilsstandpunkt... als zu einseitig« durchschauen »und uns dafür in einem wirkungsgeschichtlichen und zugleich dialogischen Verhältnis gegenüber der Überlieferung« schulen[14].

Das ist eine schöne Vision: Historisch-kritische Exegese, die Pfeiler baut für die Brücke des Verstehens, nachdem sie gelernt hat, sich selbst zu relativieren; die ihre Texte – im Bilde gesprochen – nicht mehr als wehrlose Patienten auf den Operationstisch legt, sondern als Partner ins Gespräch zieht und einen Dialog beginnt über »Menschsein, Wirklichkeit und Geschichte« – damals und heute. In diesem Sinne historisch-kritisch-dialogische Exegese, die zuhören will und vernehmen, was der fremde Text sagt, soll uns bei unserem Thema vor Augen stehen – eine versprochene und ansatzweise auch immer wieder schon realisierte Gestalt der Auslegung[15], die wir fragen: Welche Rolle willst und kannst du spielen im bibliodramatischen Prozeß? Gehörst du »nur« in die Vorbereitung der Leiterinnen und Leiter? Meldest du dich vielleicht noch einmal im Nachgespräch? Worin liegt dein Beitrag? Warum braucht das Bibliodrama dich, was hast du zu bieten?

Die dialogische Exegese antwortet auf solche Fragen vielleicht so: Wahrnehmen und Anschauen und Verstehen von Texten, ihr Bibliodramatiker, das ist mein Feld; ihr sprecht gern von Empathie, Sich-Einfühlen, Partner-Sein – das will und kann ich auch; vielleicht sollten wir uns die Arbeit teilen: Ihr seid empathisch mit den Teilnehmern, ich bin es mit dem Text. Ich bin Anwalt des Textes, der bei euch gelegentlich unter allzuviel Projektion verschwindet. Ich betrachte den Text, den alten rätselhaften Text als mir anvertraut – ich will ihn vertreten, dazu muß ich möglichst viel über ihn wissen: seinen Ort, seine Zeit, seinen Verfasser, seine ersten Hörer, seine Wirkung möchte ich kennen; deshalb mache ich ausgiebige Anamnesen, frage den Text nach Vergangenheit, Herkunft und Familie, nach äußerer und innerer Gestalt; ich versuche seine Botschaft zu entschlüsseln und rechne bei meinem Gesprächspartner wie bei mir selbst mit Ungereimtheiten, Abgründen und Geheimnissen. In langen Jahren habe ich gelernt, welche Fragen gestellt werden müssen, damit ich möglichst viel in Erfahrung bringe; mein methodisches Instrumentarium ist im Interesse meines Textes vielfältig und differenziert. Und das muß es sein, denn ihr wißt, wie schwer es ist, sich wirklich zu verstehen. Gelingende Kommunikation ist ein seltenes Geschenk; ich rechne damit, daß wir uns oft nur ansatzweise oder auch gar nicht verstehen. Ein paar meiner Fragen nenne ich euch, damit ihr deutlicher seht, was ich tue – und warum.

Ein Horror für viele Studenten aller Art ist die *Textkritik*. Wenn ihr doch begreifen wolltet: Meine Partner, die Texte, haben nicht selten »Persona-Probleme«; sie sind äußerlich nicht unversehrt, und deswegen muß ich doch fragen, wie sie ursprünglich formuliert und gemeint waren – den ursprünglichen Wortlaut möchte ich wissen, gleichsam ein Hinweis auf die Mitte deiner Identität, du alter Text –, ich meine doch dich und nicht irgendeine deiner sekundären Entstellungen. – Wenn es die Textkritik im Konzert der historisch-kritischen Exegese nicht gäbe, dann wüßtet ihr lieben Frauen zum Beispiel nicht, daß es im Urchristentum weibliche Apostel gab, unter anderem die Junia, von Paulus im Römer 16,7 erwähnt[16]. Textkritik kann euch lehren, um nur dieses Beispiel noch zu nennen, daß Barrabas auch Jesus geheißen hat (Matthäus 27,16f.): Die Frage, die Pilatus dem Volk stellt, hat ursprünglich folgenden Wortlaut: »Wen wollt ihr freibekommen: Jesus Barrabas oder Jesus mit Beinamen Christus?« Fromme Scheu hat Barrabas den zu seiner Zeit sehr verbreiteten Namen Jesus genommen; jetzt heißt die Alternative Jesus oder Barrabas, ursprünglich hieß sie: Welchen Jesus wollt ihr – den Nazarener oder den mit Beinamen Barrabas?

In meiner Anamnese frage ich *literar- und redaktionskritisch*. Manche Texte, mit denen ich zu tun bekomme, sind nicht aus einem Guß, sondern voller interner Spannungen, aus verschiedenen Quellen gespeist; sie haben Stufen eines Wachstumsprozesses durchlaufen; ihre Geschichte ist nicht spurlos an ihnen vorübergegangen; nicht selten sind sie in bewußter Gestaltung »manipuliert« worden, ergänzt, umgeprägt oder gekürzt, dabei möglicherweise um ihren Sinn gebracht oder auch um neue Aspekte bereichert. So haben gutmeinende Patriarchen unter den Redaktoren der Paulus-Briefe dem Apostel zum Beispiel unterstellt, er habe dem Weib Schweigen verordnet in der Gemeinde (1. Korinther 14,33b–35)[17]. Das ist eine Unterstellung, gegen die ich den Text und seinen Verfasser in Schutz nehme; wir wollen es im bibliodramatischen Spiel doch mit Paulus zu tun bekommen und nicht mit anderen, die ihn für sich vereinnahmt haben. Paulus jedenfalls geht ganz selbstverständlich davon aus, daß Mann und Frau in der Gemeinde gleichberechtigte Partner sind (Galater 3,28 und öfter).

Die Texte der Bibel haben in aller Regel eine geprägte Gestalt; ihre je eigene Individualität verbirgt sich in einer überindividuellen Form *(Formgeschichte)*; weil sie für einen ganz bestimmten Lebenszusammenhang wie zum Beispiel Verkündigung, Liturgie oder Unterricht formuliert und gebraucht wurden, stehen ihr Inhalt, ihre Form und ihre Funktion (»Sitz im Leben«) in einem Wechselverhältnis. Das müßt ihr wissen und bedenken; ihr dürft die Texte nicht überfordern. Da ist einer als Wundergeschichte »geboren«, ein anderer als Gleichnis, ein dritter als Streitgespräch, weitere als Weissagung, Legende oder Visionsbericht – und sie können aus dieser ihrer Gestalt und Haut nicht heraus, ebensowenig wie wir aus der unseren.

Wenn du eine Wundergeschichte liest, als sei sie ein historisches Referat oder Protokoll, so tust du ihr Unrecht; wenn du ihr unterstellst, sie wolle sich mit der Naturwissenschaft anlegen und behaupte die Durchbrechung von Naturgesetzen, so hast du sie gründlich mißverstanden[18]. Wundergeschichten erzählen, daß Gesetze eingeschliffener Erfahrung gegen alle Erfahrung dennoch durchbrochen wurden – und sie ermutigen dazu, an diese Möglichkeit im Interesse des Lebens und der Liebe auch weiterhin zu glauben[19]. Kurz: Wundergeschichten sind ganz suggestive, gegen alle Hoffnungslosigkeit mit Hoffnung infizierende Erzählungen; sie erzählen nach und voraus, daß Sach- und Erfahrungszwänge das letzte Wort nicht haben sollen; eben deshalb wollen Wundergeschichten nicht immer neu historisch-kritisch kommentiert, sondern viel lieber wiederholt werden – im Bibliodrama und anderswo!

Die spezifische Eigenart unserer Texte ist ganz entsprechend bei den anderen Formen zu beachten. Die schöne Geschichte von der Frau mit den 10 Drachmen etwa, die eine verlor und wiederfand, ist ein Gleichnis. Im Bibliodrama habt ihr euch viel Zeit gelassen, die Bildhälfte dieses Textes auszuschreiten und mit eigener Erfahrung anzureichern. Das ist gut, auch heilsam und schön, aber ihr sollt darüber nicht vergessen – sagt historisch-kritisch-dialogische Exegese –, daß Lukas in Kapitel 15,8–10 ein Gleichnis erzählt, ein Gleichnis von der Herrschaft Gottes, deren Nähe wir auf dem Wege nur freier Assoziation zum Bild schwerlich erfahren[20]. Und, um das noch zu sagen, Psalm 139, der uns hier ausführlich beschäftigt hat, ist ein Gebet – und Gebete haben ihre eigene Gestalt, ihren Stil und ihren Ort – und darin ihre Größe und ihre Grenze.

Ich will euch, sagt die Exegese, mit meiner Selbstvorstellung nicht langweilen, will nicht zu ausführlich werden, aber auf einen Aspekt möchte ich doch noch hinweisen; er verdient, meine ich, eure besondere Aufmerksamkeit.

In meiner Arbeit gibt es nämlich seit etwa fünfzehn Jahren eine neue Fragestellung – gebündelt unter dem Stichwort »*Sozialgeschichte*«; dabei geht es um die lokalen, sozialen und politischen Kontexte der biblischen Überlieferung und damit um den Versuch, die Texte zurückzubinden an die höchst konkreten Gegebenheiten und Situationen, in denen sie entstanden sind und auf die sie Bezug nehmen. Wir werden, wie bei einem Lokaltermin, an den Ort geführt, wo Menschen einst geweint und gelacht, gefragt und gezweifelt, geglaubt und verleugnet haben. Ein eindrucksvolles Beispiel für solcherart Lokalkoloritforschung ist G. Theißens Untersuchung zu der Geschichte von der syrophönizischen Frau (Markus 7,24–30)[21]. Ihr alle kennt diese zugleich faszinierende und haarsträubende Erzählung, in der Jesus eine ausländische Frau, die ihn um Hilfe für ihre kranke Tochter bittet, zurückweist: »Laß zuerst die Kinder satt werden. Denn es ist nicht gut, das Brot der Kinder zu nehmen und es den Hunden hinzuwerfen« (Markus 7,27). Diese »Antwort Jesu ist moralisch anstößig. Es ist, als ob ein Arzt sich weigert, ein ausländisches Kind zu behandeln. Die Antwort Jesu ist zudem ein exegetisches Problem: Die Brotmetaphorik paßt nicht zur Bitte der Frau. Jesus wird nicht um Speise gebeten, sondern um Hilfe als Arzt und Exorzist.«[22]

Die moralisch anstößige und in sich problematische Antwort Jesu wird verständlich, wenn man die Situation im tyrisch-galiläischen Grenzland zur Zeit Jesu in den Blick nimmt und insbesondere »das Verhältnis von Juden und Heiden« in diesem Gebiet untersucht. Gerd Theißen tut das unter sechs verschiedenen Aspekten; er fragt nach den ethnischen Verhältnissen, nach den kulturellen und sprachlichen Gegebenheiten, nach sozialem Status und ökonomischen Bedingungen, nach den politischen Machtverhältnissen zwischen dem Stadtstaat Tyros und dem Hinterland und schließlich nach den sozialpsychologischen Aspekten des Verhältnisses von Juden und Heiden. Dabei zeigt sich unter anderem: »Tyros war eine reiche Stadt, die im Hinterland Agrarprodukte aufkaufen mußte. Reichten die ›normalen‹ Mittel nicht aus, so mußte man zur Bestechung greifen, um doch noch ans Ziel zu kommen (vgl. Apostelgeschichte 12,20). Das galiläische Hinterland und das (zum Teil von Juden besiedelte) ländliche Territorium der Stadt waren die ›Brotlieferanten‹ der tyrischen Metropole. Bei den periodisch eintretenden Versorgungskrisen war von vornherein klar, wer am längeren Hebel saß: Tyros war finanziell stark genug, um selbst in Krisensituationen Getreide anzukaufen. Aber auch in ›normalen‹ Zeiten werden die Bauern in den jüdisch besiedelten Gebieten oft (mit Recht) das Gefühl gehabt haben, für die reichen Städter produzieren zu müssen, während sie selbst dürftig lebten.« ... »In dieser Situation gewinnt das Jesuswort in Markus 7,27 seine Aussagekraft: ›Laßt zuerst die Kinder satt werden! Denn es ist nicht gut, das Brot der Kinder zu nehmen und es den Hunden hinzuwerfen.‹ Dieses zunächst so anstößige Wort mußte folgende Assoziationen wecken: ›Laßt zuerst die armen Leute im jüdischen Hinterland satt werden. Denn es ist nicht gut, das Brot der armen Leute zu nehmen und es den reichen Heiden in den Städten hinzuwerfen.‹«[23]

Jesus antwortet der privilegierten heidnischen Frau aus der Stadt also mit einem »Vorurteil«, das aus der sozialen und ökonomischen Situation heraus entstanden und verständlich ist: »Den Kindern Israels, die ohnehin schon darben, willst du jetzt auch noch den Propheten und seine Heilkraft nehmen – das ist nicht recht: Laß erst die Kinder satt werden.‹ Die Geschichte ist eine Wundergeschichte. Vielleicht liegt das eigentliche Wunder darin, daß Jesus sich im Gespräch mit dieser erstaunlichen Frau von dem Vorurteil verabschiedet, mit dem er ihr zunächst begegnet ist. Er hilft schließlich auch über die Kluft dieser sozialen Spannung hinweg.

Mehr dazu in G. Theißens schönem Aufsatz. Ihr seht: Es waren konkrete Menschen, die uns in den Texten der Bibel begegnen, so konkret und individuell, daß die Unterschiede zu uns Nachgeborenen zumindest ebenso ins Auge fallen müssen wie mögliche Gemeinsamkeiten. Daran will die Exegese im Dialog mit dem Bibliodrama erinnern.«

So weit das Plädoyer der dialogischen Exegese in eigener Sache.

Die historisch-kritische Exegese ist – wie das vorausgehende Plädoyer zeigt – nicht ohne Selbstbewußtsein, aber sie hat gelernt, sich nicht absolut zu setzen; sie darf und will ihre Möglichkeiten nicht überschätzen. In ihrem besten Selbstverständnis ist sie immer schon »nur« Zuarbeit gewesen, Zuarbeit zur Predigt. Nun ist das Bibliodrama, das uns alle zu Mitspielern macht, nach meiner Auffassung als eine Weise der Predigt zu betrachten, als Predigt nicht mehr eines einzelnen, sondern als Predigt der vielen, als Predigt der mündigen Gemeinde: Auslegung des Wortes Gottes durch das Volk Gottes tritt im Bibliodrama an die Stelle der üblichen Auslegung des Wortes für das Volk durch einige wenige Textexperten. Der sich darin abzeichnende Wandel entspricht einer ur-christlichen Intention: Alle Getauften mit ihren je eigenen Gaben bilden die Gemeinde, den Leib Christi – sie alle gemeinsam finden und formulieren unter Anleitung des Geistes das Wort, das heute und hier Gottes Wort und Predigt ist (vgl. 1. Korinther 12–14). Die Exegese kann dabei helfen – nicht mehr und nicht weniger; ihr Beitrag für das Bibliodrama besteht in Ermutigung, Bereicherung und Korrektur.

Ermutigung

Exegese ermutigt zum Bibliodrama, denn sie erinnert uns insbesondere durch die Grundeinsichten der Formgeschichte an unverwechselbare Eigenarten der biblischen Überlieferung. Die Texte der Bibel wollen nach ihrem Selbstverständnis ja gar nicht (nur) analysiert und immer wieder kommentiert werden, sondern sie wollen zur Wirkung kommen; sie sind erzählt und aufgeschrieben worden, damit sie sich wiederholen; sie wollen nicht »arbeitslos« sein, sondern einen Platz im Leben der Menschen finden (»Sitz im Leben«; englisch: »function in life«); sie machen uns Rollenangebote, sie verstricken uns in ein Geschehen, ja sie identifizieren uns – indem sie uns als »Gesetz« oder »Evangelium« begegnen. Das ist die ihnen eingestiftete Absicht. Weil sie heilsam sind, wollen sie auch heilen. Die verschiedenen Varianten einzelner Überlieferungsstücke schon im Neuen Testament sind das Ergebnis von »Wiederholungen« und Neuaufführungen der Texte.

Der Neutestamentler Ernst Fuchs hat einmal gesagt: »Wenn und solange der Text dich nicht auf die Kanzel treibt, hast du ihn noch nicht verstanden.« Den Satz können wir hier variieren und aktualisieren: »Wenn die Exegese uns nicht zum Bibliodrama (oder zu einer anderen Weise lebendiger Aneignung der Überlieferung) treibt, dann haben wir nicht gründlich genug exegesiert und unseren Text noch nicht begriffen.« Dazu ein Beispiel: Eine meiner Lieblingsgeschichten im Neuen Testament ist die Bartimäus-Geschichte Markus 10,46–52 – eine phantastische Erzählung, finde ich, die in wenigen Sätzen, nicht mehr als sieben Versen, ein dramatisches Geschehen festhält. Was wird uns da erzählt? Und wozu?

Die einleitende erste Szene beschreibt einen denkbar schroffen Kontrast: Jesus, die Jünger, die Menge auf der einen Seite – viele, unterwegs, in Bewegung, gesund; auf der anderen Seite

Bartimäus: nicht gesund, sondern krank – blind, zur Bewegung nicht in der Lage, am Wegesrand, allein. Das ist eine typische, eine exemplarische Situation voll brutaler Spannung: Bewegung contra Stillstand, Gesundheit contra Krankheit, die Vielen gegen den Einsamen, der Außenseiter im Gegenüber zur Menge.

Die zweite und dritte Szene der Geschichte erzählen, daß und wie diese unerträgliche Spannung aufgelöst wird. Bartimäus schreit um Hilfe; er hat sich und sein Leben noch nicht aufgegeben; er möchte aus Isolation, Krankheit und Alleinsein befreit werden: »Jesus, erbarme dich meiner!« Sein Hilferuf ist unbequem – für die vielen Mitläufer Jesu. Die wollen nicht gestört sein; sie versuchen, Bartimäus mundtot zu machen; sie schüchtern ihn ein: »Sei still!«

Bartimäus läßt sich nicht einschüchtern; er schreit »nur um so lauter« – er schreit mit dem Mut der Hoffnung und gibt nicht auf; Jesus wird auf ihn aufmerksam und nimmt sich seiner an; Jesus wird zum Arzt des Kranken, er befreit ihn aus dem Ghetto seines Alleinseins; der Blinde wird geheilt und geht mit: Die unmenschliche Spannung der ersten Szene ist überwunden; Unheil hat sich in Heil verwandelt. »Dein Glaube hat dir geholfen!«

Im Urchristentum, irgendwann um das Jahr 70 vielleicht, hat man diese Geschichte erzählt und benutzt; sie ist nicht im Gemeindearchiv gelandet oder in einem Kommentar begraben worden, sondern man hat sie im Gottesdienst erzählt, damit sich in der Gemeinde wiederholt, was die Bartimäusgeschichte berichtet. Mir und dir wird sie gepredigt – als Ermutigung, unsere Rolle zu finden und dem heilsamen Gefälle dieser Geschichte entsprechend uns verwandeln zu lassen. Bist du in der Situation des Bartimäus, so steig ein ins Spiel und höre die Aufforderung, ungeniert zu schreien, auch gegen Widerstand; mußt du dich als Mitläufer Jesu, als allzu angepaßter Mitläufer erkennen, so laß dich von der Zuwendung Jesu zu Bartimäus eines Besseren belehren; siehst du, wie Jesus, deinen Nächsten in Not am Wegesrand, so werde ihm zum Christus (wie Luther sagt) – auch die Rolle des Therapeuten/der Therapeutin legt die Bartimäus-Geschichte uns ans Herz und in die Hand.

Exegese ermutigt zum Bibliodrama; sie läßt uns die Texte der Bibel verstehen als Aufforderung zum mimetischen Spiel.

Bereicherung und Korrektur

Exegese bereichert den bibliodramatischen Prozeß. Wenn wir den Text auch historisch-kritisch wahrnehmen und ihn sagen lassen, was er sagen will, so bekommt unsere Arbeit in der Gruppe zusätzliche Tiefenschärfe. Wir holen eine andere Zeit, andere Regionen, andere Menschen mit in unseren Kreis und in unser Spiel. In den Bildern, in den Archetypen besonders, ist auch Tiefe, aber die bewußte Beachtung der fernen historischen Situation bewirkt in einzigartiger Weise Konkretion. Menschliche Hoffnung, menschliches Leid, Existenzgewinn oder -verlust unter anderen historischen Bedingungen werden in der Gruppe anschaulich und gegenwärtig. Kurz: Exegetische Besinnung hindert uns, zu allgemein und pauschal zu bleiben. Verallgemeinerung, Nivellierung der je eigenen Konturen – das ist immer wieder die Gefahr, wenn uns die Außenseite und Oberfläche des Textes nicht wirklich interessiert; wenn wir nur die psychoanalytischen Sachverhalte im Blick haben und ausspielen, dann reduziert sich die schöne Vielfalt von Menschen, Biographien und Geschichten auf wenige Grundgegebenheiten, so weit, daß womöglich der Unterschied von Tragödie und Komödie als irrelevant erscheint und die jüdisch-christliche lineare Eschatologie im ewig kreisenden Mythos aufgeht. Exegese bereichert das Bibliodrama, indem sie es vor dieser Gefahr bewahrt und immer wieder daran erinnert, daß die Wahrheit konkret ist, so konkret, daß es uns verwehrt ist, vorschnell im generischen Plural von der Menschheit zu reden. Denkt an die Frau aus Tyros!

Der historisch wahrgenommene Text verweist uns auch auf die Gemeinde als Ort dieses Textes, auf Sozialität und Welt – in Geschichte und Gegenwart. Das bedeutet Öffnung der Gruppe in Raum und Zeit. Damit ist einer möglichen Privatheit und Exklusivität der bibliodramatischen Arbeit ein Riegel vorgeschoben. Der psychologischen Auslegung der biblischen Texte wird gelegentlich vorgeworfen, sie sei privatistisch und unpolitisch. Wenn Jesus zum Beispiel den Samariter in seinem Gleichnis zum Vorbild und Protagonisten macht, ist unübersehbar die politische Dimension im Text – sie soll auch in unserem Bibliodrama zu diesem Text nicht ausgespart sein. Wenn wir das Gleichnis nur psychologisch interpretieren, seiner Bedeutung auf der Subjektstufe im Psychodrama nachdenken, so werden wir seinem Anspruch nicht gerecht. Exegese macht dem Bibliodrama den Widerstand der biblischen Überlieferung gegen einen privatistischen »Gebrauch« bewußt. Die Texte der Bibel wollen ja, daß wir uns auf die Welt einlassen, sie intendieren Nachfolge. Die bibliodramatische Arbeit wird deshalb zu politischer Arbeit anleiten, so wahr der Glaube immer und gern im Tun ist. Schließlich: Die kritische Exegese gewährt auch Schutz im mimetischen Spiel. Einerseits kann ich mich als Teilnehmer im bibliodramatischen Prozeß hinter dem Text »verstecken« – schon der bloße Text ist ein schützendes Haus; andererseits verhilft mir aber die historische Kritik soweit nötig auch zur Distanzierung vom Text; sachkritisch darf ich ihn ablehnen, wo er mich überfordert oder gefährdet; dann sage ich: Es ist dieser sehr menschliche Text – zeitbedingt, von seinem Milieu geprägt, von ganz bestimmten Interessen geleitet. Wenn der Evangelist Matthäus in der Bergpredigt verlangt: »Ihr sollt vollkommen sein, wie euer himmlischer Vater vollkommen ist«, so kann und darf ich solche »Leistungs-Theologie« mit der synoptischen Parallele bei Lukas 6,36 in die Schranken weisen: »Seid barmherzig, wie auch euer Vater barmherzig ist.«

Eine Weise der Bereicherung des Bibliodramas ist auch seine ausdrückliche Korrektur. Die Exegese holt vergessene Fragen, Gesichtspunkte und Sachverhalte ins Bild und in den Prozeß, zum Beispiel ein uns fremdes Zeitverständnis oder eine »überholte« Vorstellung wie die von der schicksalwirkenden Tat; vor allem: Die kritische Exegese kann uns helfen, Projektionen zu erkennen und zurückzunehmen. Darin bedeutet sie ein Element nicht zu unterschätzender Supervision; sie leitet nämlich dazu an, nach der erlaubterweise auch unreflektierten Identifikation im Spiel wieder Distanz zu nehmen – und zwar jetzt nicht Distanz zum Text, sondern in bewußter Reflexion mit dem Text Distanz zu uns selbst (und zu unseren »Komplexen«).

Endlich: Die kritische Exegese hat im Laufe der Zeiten ungeheure Schätze angesammelt – Vergleichsmaterialien, Parallel- und Kontrastgeschichten, archäologische, religionsgeschichtliche und historische Informationen...; damit kann sie Mißverständnisse ausräumen und neue Stufen der Erkenntnis anregen. Im Bibliodrama wird dieses »kopflastige« Wissen sicher nicht in der Anfangsphase ausgebreitet werden; wer zu früh damit kommt, hindert das Spiel; er drängt sich auf, ohne daß man schon nach ihm gefragt hätte, und untergräbt Kreativität in der Gruppe; das stört den Identifikationsprozeß; wenn aber unterwegs Fragen aufkommen – und nach meiner Erfahrung geschieht das immer –, Fragen, für die Antworten bereitliegen im Schatzhaus der kritischen Exegese, dann werden wir dieses Angebot gerne nutzen, um auch so tiefer einzudringen in den Text.

Die Exegese kann und will dem Bibliodrama zuarbeiten; sie hat nicht wenig zu geben, aber sie drängt sich nicht auf; deshalb ist sie auch mit einem bescheidenen Zimmer im Hause des Bibliodramas zufrieden; vielleicht gehört sie zur Zeit nach Phasen penetranter Dominanz zunächst wirklich nur in das Nachgespräch[24]. Aber jedes Nachgespräch ist ja die Vorstufe für einen neuen Prozeß, also gerät sie auch ins Vorgespräch. Auf jeden Fall scheint es mir sinnvoll und einzig richtig, daß die Gruppe, die sich zum Bibliodrama trifft, ich-nah beginnt – nur so entsteht überhaupt eine Gruppe[25]! Wenn wir mit exegetischen Expertisen anfangen, ist unvermittelt nicht das erstrebte »wir«, sondern Gefälle, Hierarchie, Distanz in der Gruppe und Distanz zum Text im Raum. So würde dem exegetisch nicht versierten Teilnehmer der Text gerade nicht erschlossen, sondern entzogen; aber das Bibliodrama will doch Lust machen zu eigenen Schritten, einzuziehen in den Text, sich mit ihm zu verbünden und das Spiel aufzunehmen. Exegetische Bevormundung wäre hier fatal; der Exeget in mir und in dir hat immer neu zu lernen, daß auch er nur einen Teil der Wahrheit des Textes weiß und sieht; er darf nie vergessen, daß jede und jeder »in Israel« Zugang hat zum Text, daß jedes Wort der Bibel – so sagt eine schöne Tradition – siebzig Gesichter hat, siebzig Möglichkeiten der Auslegung, »und alle siebzig sind richtig. Ja, es gibt sogar eine Überlieferung, die sagt: sechshunderttausend. Jeder der sechshunderttausend aus Israel, die beim Empfang der Tora am Berg Sinai standen, hatte seine ganz eigene Möglichkeit des Verstehens, jedem einzelnen war ein eigener Aspekt der Tora zugeeignet.«[26]

Weil das so ist, will ich meine Anmerkungen zu »Bibliodrama und Exegese« nicht abschließen, ohne an drei kleinen Beispielen deutlich zu machen, wie auch die »exegetische Wissenschaft« im bibliodramatischen Prozeß dazulernt, tiefer versteht und manches Vorurteil korrigieren muß.

Im Bibliodrama – das ist meine Erfahrung – tut sich nicht selten ein (auch) allegorisches Verstehen der Texte auf; die Allegorese kehrt zurück im mimetischen Spiel, vorwissenschaftlich-spontan und ungeniert. Das ist kein Wunder, denn wer die Bilder ernst nimmt, sich von Symbolen berühren läßt und der Einladung zur Identifikation folgt, der überschreitet schnell den Buchstaben-Sinn; er findet Tiefenschichten in »seinem« Text, Bedeutungen, die sich oft als so evident erweisen, daß die strikte Abwehr einer allegorischen Auslegung durch die historisch-kritische Exegese als unangemessen erscheint. Vielleicht verhilft solche praktische Erfahrung der Exegese dazu, den alten Streit zwischen Literalisten und Allegoristen[27] neu zu bedenken und sich nicht mehr so einseitig gegen die Allegorie zu stellen. Ich jedenfalls gestehe gern, daß allegorische Auslegungen und Applikationen, auch dadurch eröffnete Perspektiven in unserem Bibliodrama zu Lukas 15,8–10 mich öfter überzeugt als irritiert haben, einschließlich des im Dreiklang der Verlorenengleichnisse nach Lukas 15 wiederentdeckten trinitarischen Triptychons: Der Hirte aus dem Gleichnis vom verlorenen Schaf – das »ist« der Sohn; die Frau mit der verlorenen Drachme symbolisiert die Ruach/den Geist, wie auf dem Deckengemälde in Urschalling eine Frauengestalt zwischen zwei Männern; der gütige Vater schließlich »steht« für Gott!

In der »Heilung des Gichtbrüchigen« Markus 2,1–12 befremdet bei unbefangenem Hören oder Lesen der Disput zwischen Jesus und den (schweigenden) Schriftgelehrten über das Recht zur Sündenvergebung (Vers 5b–10). Was als typische

Wundergeschichte beginnt, »verwandelt« sich plötzlich zu einem Streitgespräch, um dann mit Vers 11f. in einen stilechten Wunderabschluß auszumünden.

Historisch-kritische Exegese legt nun mit plausiblen Gründen dar, daß die Verse 5b–10 als sekundäre Einfügung zu betrachten sind: »ganz äußerlich... eingeschoben« – die Bruchstellen sind in Vers 5b und am Ende von Vers 10 noch deutlich sichtbar –, »offenbar entstanden, weil die Gemeinde ihr Recht auf Sündenvergebung auf Jesus zurückführen will«[28]. Das ist ein hypothetischer Hinweis zur Vorgeschichte des Textes und – aufs Ganze gesehen – eine karge Auskunft, die viele Fragen nicht anspricht, zum Beispiel diese: Was hat jener ferne Christ, der eine solche Textkombination vornahm, über den Zusammenhang von Krankheit und Sünde gedacht und gewußt? Worin lag damals das sachlich-theologische Recht »seines« Textes? Ist dieser Text heute noch wahr?... In einem Bibliodrama zu Markus 2,1–12 hat eine junge Lehrerin den Gelähmten »gespielt«; ihr war der Zuspruch der Vergebung in der Geschichte entscheidend wichtig, das eigentliche Wunder und der Schlüssel zur Heilung. Ihre »Lähmung« bestand in zwanghaft-atemloser Versöhnungs-Arbeit – bis hin zur folgenschweren Vernachlässigung von Beruf, Familie und eigenem Leben; sie stammte aus einer »Nazi-Familie«: Die Schuld des Vaters lähmte die Tochter; Sündenvergebung hat das Tor zur Rettung geöffnet. Markus 2,1–12 – so erlebt – erscheint nicht länger als sekundäre Kombination disparater Motive und Formen, sondern bei aller Unstimmigkeit als verblüffend stimmig. Was die Exegese zum Text zu sagen wußte, ist deshalb nicht falsch, wohl aber als begrenzte Teil-Wahrheit erkannt.

Das Gleichnis vom königlichen Hochzeitsmahl (Matthäus 22,1–14) ist nach Auskunft der kritischen Exegese vom Evangelisten Matthäus oder zum Teil schon von der ihm vorausliegenden Tradition zu einem israel-polemischen, allegorisch verschlüsselten Abriß der Heilsgeschichte ausgestaltet worden. Die Parallelen in Lukas 14,16–24 und im Thomas-Evangelium (Logion 64) lassen erkennen, daß im Hintergrund eine Geschichte Jesu steht, in der davon erzählt wird, daß verschiedene geladene Gäste – alle wie auf Verabredung – absagen, der Gastgeber sein Fest deswegen aber nicht ausfallen läßt, sondern durch einen Knecht Arme, Blinde, Krüppel und Lahme von der Straße holt, »auf daß mein Haus voll werde«.

Aus diesem Zuversichtstext in der Verkündigung Jesu – trotz Absage der zunächst Geladenen findet das Fest statt, die Herrschaft Gottes kommt und gewinnt Raum jetzt eben unter den Armen in Israel – aus diesem Zuversichtsgleichnis hat Matthäus, wie gesagt, eine Allegorie gemacht. Aus dem einfachen Gastgeber wird in seiner Version ein König, der eine Vielzahl von Knechten mehrmals aussendet – das ist ein »Bild« für Gott, der Propheten und Apostel zu Israel geschickt hat. Die Geladenen – nach Matthäus das Volk Israel – sagen ab, verweigern sich dem Ruf Gottes, mißhandeln und töten sogar die zu ihnen gesandten Boten. Da wird der König zornig und schickt seine Heere aus und läßt die Stadt jener Mörder vernichten (Matthäus 22,7). Damit spielt Matthäus auf die Zerstörung Jerusalems im Jahre 70 n. Chr. an; er interpretiert dieses Geschehen als Strafe Gottes am ungläubigen Israel. Andere, die Christen, treten an dessen Stelle und bilden als christliche Kirche das neue Gottesvolk, nach Matthäus ein »corpus mixtum« aus Bösen und Guten (22,10), das auf das Jüngste Gericht zugeht. Um die Heilsgeschichte bis zu diesem ihrem Schlußpunkt ausziehen zu können, fügt Matthäus dem Gleichnis eine weitere Szene an: die bekannte Episode vom Gast ohne hochzeitliches Gewand (22,11–14): »Mein Freund, wie bist du hier hereingekommen...? Bindet ihn an Füßen und Händen und werft ihn hinaus in die Finsternis draußen...« Auch für die Christen, sagt Matthäus, gibt es ein Gericht nach den Werken!

Wer die Vorgeschichte von Matthäus 22,1–14 kennt, muß feststellen: Der Verfasser des ersten Evangeliums hat hier ein Stück Evangelium in ein schauerliches Gerichtsgemälde umgeprägt. Da ist Literarkritik und kritisches Vergleichen am Platze, und insbesondere die sekundär angefügte Schluß-Szene muß sachkritisch in den Blick genommen werden.

Das sagt der Exeget – und dann passiert ihm folgendes: Ein älterer Herr, emeritierter Professor, kommt zu mir und fragt: Wie verstehst du diesen Text? Was sagst du als Exeget zu Matthäus 22,1–14? Ich referiere ihm meine exegetische Erkenntnis. Darauf er: Ich bin jetzt 76 Jahre alt; seit zwei Jahren prozessiere ich aus nichtigem Anlaß gegen meine Mieter; ich will sie aus meinem Haus haben; ihre Zimmer brauche ich nicht, ich habe auch genug Geld, aber ich prozessiere. Neulich bin ich in der Nacht aufgewacht – und da ist mir dieser Text eingefallen: Ich bin der Gast ohne hochzeitliches Gewand. Wenn ich morgen sterbe, dann stehe ich so da wie er: »Mein Freund, wie bist du hereingekommen...?«

Diese Auslegung macht auf eine verborgene Wahrheit des Textes aufmerksam. Die kritische Exegese braucht deshalb ihre Einschätzung nicht zurückzunehmen oder zu verwerfen. Wenn aber einer die Gerichtsdrohung des Matthäus in dieser Weise als Konfrontation annimmt und auf sich selbst bezieht, dann bleibt dem Exegeten nur zu sagen: Dir ist dieser – sekundär entstellte – Text, dieses Stück Gesetz zum Evangelium geworden; ich möchte darüber nicht predigen, aber du hast das Gerichtswort des Matthäus dir zum Heil ausgelegt.

So ist das nach meiner Erfahrung – auch in dieser Woche hier in Segeberg – mit »Bibliodrama und Exegese«: Sie gehören zusammen, in Geben und Nehmen sind sie aneinander gewiesen.

Ruth Passauer
Bibliodrama und Seelsorge

Als wir mit dem Bibliodrama bei uns in der DDR anfingen und kirchliche Mitarbeiter dazu einluden, war eins von Anfang an klar: Das ist was für jeden Teilnehmer ganz persönlich – etwa unter dem Motto: »Tu mal was für dich!« Für Weiterbildungen war diese Überschrift ungewöhnlich. Bei Weiterbildungen rauchen die Köpfe. Hier aber sollte der ganze Körper in Bewegung geraten. Gehen und stehen, auf dem Boden sitzen und liegen, atmen und sich dehnen, lernen, sich weich und fließend zu bewegen. »Wozu sich eine Woche Zeit nehmen, um einen einzigen Bibeltext zu spielen und zu tanzen, wo's doch bekanntlich viel schneller geht, das gesammelte Wissen über einen Text zu lesen und zu besprechen? Wozu diese Verschwendung?« könnte man mit den Unwilligen aus Markus 14 fragen. Jesus sagt: »Laßt sie ...!«

Im Lassen wird die biblische Geschichte, der eine Text, erlebt, im Sich-Einlassen auf die im Text mitgeteilten Grunderfahrungen. Durch das Nach- und Miterleben solcher Erfahrungen in der Bewegung, der Meditation, im Spiel wird die alte biblische Überlieferung spannend lebendig. Nicht etwa eine blühende Phantasie macht's, sondern ein Sich-Hineingeben in diese Grunderfahrungen. Dabei wird der äußere Freiraum weit gehalten – niemand wird gedrängt, sich auf dieses oder jenes einzulassen – höchstens ermutigt. Nichts wird bewertet, statt dessen versuchen wir zu beschreiben: mit Worten, mit Farbe, mit Tönen, mit Bewegung. Dieses Erleben bereitet Wohlbefinden, löst etwas aus, was tatsächlich schwer zu schildern ist, vielleicht auch wirklich unbeschreiblich ist. Mit Leib und Seele, mit Stimme und Atem, mit Schweigen und gestalteter Bewegung ereignet sich Verstehen und infolgedessen auch Verwandlung. Durch die so verschiedenen Biographien der einzelnen hindurch gestaltet sich Evangelium, gute Botschaft, erlösende und befreiende Kunde mitten in und mitten durch die uralten schmerzlichen Erfahrungen Schuld, Trauer, Angst, Alleinsein, Zerstreutsein, Kranksein. Betroffen sind immer beide Seiten, die Spieler und die Zuschauer, denn jeder ist ja dann auch beides.

Es wird am Anfang immer schwer sein, das Erleben des Spiels selbst als *das* besondere Ereignis zuzulassen, zu erleben und zu begreifen. Im Prinzip geschieht dasselbe wie beim Rollenspiel in der Bearbeitung von Praxisfällen in der Seelsorge. Ein Prozeß beginnt, ein Lernprozeß für jeden, der sich darauf einlassen will.

Weit reichen im Bibliodrama die Dimensionen des prozeßhaften Geschehens: Verwandlung, Wachsen und Reifen, aber auch das Sich-Aneignen biblischer Geschichten in seinen ganzen heilsamen Ausmaßen. Und damit Erweiterung der Sinnhorizonte gegen schicksalhafte Sinnlosigkeit; Vollzüge der Vertiefung statt der Verbreiterung, des Wiederholens statt der unterhaltsamen Abwechslung. Das Zeitlupentempo, die verlangsamten Bewegungen als Gegenbewegung gegen »normales«, sich immer überlagerndes Wahrnehmen auf den drei Ebenen: was ist, was es subjektiv im einzelnen auslöst, und die ständig wechselnden Bilder und Assoziationen. Außerdem: die Erweiterung von Veränderung alter festgelegter Deutungen und Sinngebungen von biblischen Begriffen und Worten. All dies geschieht mit Leib und Seele, und es erübrigt sich fast die Frage, ob und wie da Seelsorge mit im Spiel wäre. Seelsorge, praktische und theoretische, wird heute in West und Ost vielfach geübt, gelernt, gelehrt, erörtert. Wozu die Seelsorge im Bibliodrama bemühen? Hat das Bibliodrama solch einen Bezug auf seelsorgerliche Funktionen nötig? Ich meine: Ja, denn sie schafft die Grenzen, die das Bibliodrama schützen. Erstens ist da der Ort, an dem das Bibliodrama stattfindet, der Raum der christlichen Kirche. Zweitens ist da die Motivation der Beteiligten: Ob sie partizipieren oder leitend fungieren, bedeutsam ist, daß sie in erster Linie nicht für andere, sondern in einer neuen Weise »gleichzeitig« sind, gleichzeitig um ihret- und der anderen willen gekommen und da sind. Drittens bleibt eine solche Werkstatt dem Wirken des Heiligen Geistes ausgesetzt, das Geschehen im Bibliodrama ist nicht einfach machbar. Es lebt von der Zusage Jesu Christi: »Wo zwei oder drei in meinem Namen versammelt sind, da bin ich mitten unter ihnen.« Und viertens ereignen sich Erkenntnis und Bewußtwerdung von Erneuerung, Wachsen und Reifen des inneren und äußeren Menschen, eines lebendigen Glaubens.

Ich bin durch die pastoralpsychologische Seelsorge geprägt und habe im Laufe der letzten zehn Jahre dort und im Bibliodrama gute, einander ergänzende Erfahrungen gemacht. In beiden Konzepten, die ja für sich unbedingt eigenständig sind, wird die Kunst der Wahrnehmung eingeübt, wird die Flexibilität der Innen- und Außenwahrnehmung durch Meditation und Reflexion ermöglicht. Leider ist das Sich-Aneignen biblischer Geschichten als wichtiges Mittel der Seelsorge noch nicht allerorts selbstverständliche Praxis. In Sachsen haben wir bei einem Seelsorge-Grundkurs in allen fünf Kursteilen jeweils vormittags 90 Minuten Bibelgespräche angeboten. Dabei fiel mir auf, daß diese Gespräche in Gruppen von etwa zehn Leuten von großer Ich-Nähe und Intensität waren, wie ich sie sonst nur vom Bibliodrama kannte. An allen Tagen ging es um ein- und denselben Text, und an den letzten beiden Tagen hat dann eine Gruppe ganz von sich aus angefangen, diese Geschichte als einen Bewegungsablauf zu gestalten. Offenbar ist das wachsende Bedürfnis nach ganzheitlicher und nicht nur sprachlicher Auslegung einer biblischen Geschichte auch die Folge der trainierten Innenwahrnehmung und der gewachsenen Beziehung zu sich selbst. Ziel der Seelsorgeweiterbildung ist ja zunächst die Identitätsbildung des einzelnen. Und die ist zu gewinnen durch die theologische Reflexion der eigenen Berufserfahrung im Zusammenhang mit der biblisch-theologischen Überlieferung und der kirchlichen Praxis. Und das alles ist so wichtig, damit ein Seelsorger in all seinem Tun und Lassen glaubwürdig, sicher und kontaktfähig wird.

Umgekehrt erlebe ich, daß ich-nahe »Bibelarbeit« im Bibliodrama bei den meisten Teilnehmern, ob sie nun Seelsorger sind oder nicht, zu verstärkter Innenwahrnehmung und Selbstbegegnung führt. Am Ende erscheint dann tatsächlich jeder Teilnehmer verändert, gewachsen, sich und den anderen.

Wenn ich eine Bibliodramawerkstatt gestalte, liegt mir einerseits daran, viel Raum und viel Zeit zu geben: für jeden Teilnehmer, für die biblische Geschichte, für das Miteinander der Gruppe. Manch ein Teilnehmer, dem es zunächst zu langsam geht, bestätigt am Ende der Tage, daß dieses Zeit-und-Raum-Haben für ihn neue Erfahrung ermöglichte, elementare Erfahrungen, wie Boden unter den Füßen gewinnen, die Mitte finden, aber auch einfach: mal nichts leisten müssen. Oder zeigen können, was so alles in einem steckt, was man kann. Oder ernst genommen werden. Oder staunend unbekannte Seiten an sich entdecken. Und dazu dann die Überraschung, daß Menschen zur Zeit Jesu und Jahrhunderte vorher ganz ähnlich empfanden. So entstehen untereinander Nähe, Verstehen und Wärme, wie sie manch einer lange vermißt und gesucht hat. Seelsorge erweist sich hier nicht direkt als »erste Hilfe«, eher als Geschenk, als das ganz Einfache, das wirklich möglich ist, seelischen Katastrophen vorbeugend.

Andererseits und gleichzeitig ist meine innere Distanz notwendig, meine ganz persönliche Abstinenz zugunsten des Dramas, das sich ereignet. Mir liegt daran, Grenzen zu setzen, Abläufe zu strukturieren und auf Deutungen zu verzichten. Alles, was geschieht und erlebt wird, ist wert-voll, aber nie zu bewerten. Das verlangt Übung, Wahrnehmung dessen, was vor Augen ist, und dessen, was innen, im Herzen ist. Es verlangt Beschreibung, so genau wie möglich, auch Nachfragen, ich muß Schweiger zum Reden ermuntern, auch Vielredner unterbrechen. Und noch etwas: Ebenso wie im seelsorgerlichen Einzel- oder Gruppengespräch geschieht etwas sehr Wichtiges. Je nach der Art der Übertragungen hin und her können Ängste abgebaut oder aufgebaut werden, können sich Tore öffnen oder schließen. Um der Verantwortung willen komme ich deshalb nicht ohne regelmäßige Supervision aus. Wie nahe liegt die Gefahr der Manipulation, des Verfügens über andere, die Gefahr der Grenzen- und Distanzlosigkeit, die Gefahr mangelnder Selbstwahrnehmung! Es ist gut, die eigenen Gefühle, Einstellungen, Phantasien, die eigenen Reaktionen im Gespräch auch als persönliche Antworten auf den jeweiligen Gesprächspartner wahrzunehmen. Es ist gut, sie zu verstehen und zu handhaben, damit ein Höchstmaß an freier Entscheidung des einzelnen und an freiem Raum für alles, was geschieht, gegeben ist. Als Seelsorgerin will ich im Bibliodrama das Anliegen des einzelnen Menschen wahrnehmen, wie ich es sonst in meinem beruflichen Bereich auch tue.

Aber ich empfinde auch eine schmerzliche Kluft zwischen den vielen Menschen, die mühselig und beladen sind, und den wenigen Menschen, die auserwählt scheinen, Seelsorger und Berater zu sein. Es wäre gut, wenn das Bibliodrama helfen könnte, diese Kluft zu überbrücken.

Yorick Spiegel
Bibliodrama als Hagiodrama

Ich will etwas berichten von meinen Überlegungen zu Bibliodrama, und dazu gehört auch, daß ich erkläre, warum ich meine Konzeption von Bibliodrama lieber Hagiodrama nennen möchte.

Drei Ebenen

Wenn man im Bibliodrama einen Text behandeln will, dann sollte man drei Ebenen unterscheiden, die immer wieder ineinander übergehen, es bleibt dennoch wichtig, sie zu unterscheiden. Die erste Ebene ist die Ebene der persönlichen Erfahrung. Die zweite der Bereich der symbolischen, kulturellen und politischen Deutung. Die dritte Ebene ist die des mythologischen und religiösen Bereiches.

Ich möchte dies erst einmal anfänglich erläutern an dem, was ich selbst mit Heidemarie und Tim bei der Geschichte von den zehn Groschen oder Drachmen erlebt habe. Was heißt zunächst einmal »persönliche Ebene«? Es werden, wenn ein Text vorgestellt wird, auf einer persönlichen Ebene bestimmte Erfahrungen aktiv. Das können Erfahrungen des Verlustes sein – das haben die, die in der Gruppe waren, persönlich erlebt: Man verliert etwas sehr Kostbares. Man macht sich dann klar, was man persönlich eigentlich verloren haben könnte. Es kann auch sein, daß durch diese Geschichte etwas gewonnen, etwas gefunden wird, wonach man schon lange gesucht hat. Eigentlich war es schon immer da, aber nun endlich sieht man es – wichtig wird der Vorgang des Findens. In diesen Vorgang des Verlierens oder des Findens flechten sich dann persönliche Lebenserfahrungen und individuelle Lebensgeschichten hinein. Die Erfahrungen, die ich mit Verlust und Gewinn, mit Verlust und Wiederfinden gemacht habe, können sehr verschieden sein. Wir sind ihnen in der Gruppe begegnet. Irgendwann hat eine Frau ihren männlichen Mut verloren und muß ihn jetzt wiederfinden – und findet ihn tatsächlich wieder. Mir selbst ist begegnet, daß ich als Mann und erwartungsvolle Drachme daliege und hoffe, eine Frau werde mich finden. Und es findet mich jemand, aber der, der mich findet, ist nun ausnahmsweise keine Frau, sondern ein Mann. Das sprengt die ganze eingefahrene Erwartung.

Die zweite Ebene ist die Ebene der symbolischen, kulturellen und politischen Deutung. In jeder wichtigen Geschichte, in jedem Symbol, in jedem Sinn-Bild steckt eine gesellschaftliche Dimension. Vater, Mutter, Gott sind nicht nur persönliche Erfahrungen, sondern sie sind auch gedeutet durch eine Glaubensgemeinschaft, durch eine Sekte, durch eine Kirche. Das können auch politische Mythen sein, die einen Staat und eine Gesellschaft beherrschen. Wir Deutschen, wir Dänen, wir Finnen kennen unsere nationalen Mythen. Mit ihnen können befreiende Erfahrungen verbunden sein, aber es können eben auch Erfahrungen sein, die immer wieder in die Irre führen. Hitler ist sicherlich so ein Sinn-Bild, das in den Deutschen noch weiterhin tief innen lebendig ist. Das sieht man daran, daß man praktisch jeden männlichen Politiker zu einem Hitler verwandeln kann, indem man bloß mit zwei Strichen ihm ein Schnauzbärtchen anmalt. Das Bild ist gegenwärtig. Es bedarf nur ganz kleiner Korrekturen, und schon weiß ich: Es ist Hitler. Quicklebendig sitzt er im Bodensatz unserer gesellschaftlichen Bilder. Oder eines der schrecklichsten Bilder, mit dem ich bis heute nicht umzugehen weiß und das jede Bemühung der Friedensbewegung bei uns schwermacht, ist die Vorstellung: »Die Russen kommen.« Es handelt sich hier um eine über Jahrhunderte angesammelte Erfahrung, die immer irgendwelche Völker aus dem Osten betraf; aber an diese Erfahrung ist beim besten Willen gesellschaftstherapeutisch sehr schwer heranzukommen. Es sind solche gesellschaftlichen Deutungen, Muster und Mythen, die die Deutung der Geschichte bestimmen. Es werden aber auch gesellschaftliche Wertvorstellungen aktiv, die Fragen auslösen: Was ist arm? Was ist reich? Bin ich mit zehn Drachmen reich oder arm? Was macht eigentlich meinen Reichtum aus und meine Armut? Werde ich ärmer, indem ich etwas verliere? Werde ich reicher, wenn ich etwas finde? Oder es kommen Erfahrungen von Frauen hinein, die mit wenig Geld auskommen müssen und für die diese Geschichte ganz anders klingt, wenn sie dies wenige Geld auch noch verlieren. – So die Ebene der symbolischen, kulturellen und politischen Deutung.

Schließlich gibt es noch eine Deutungsebene, die ich die mythologische und religiöse nenne, die ebenfalls in dieser biblischen Geschichte vorkommt. Das sind Erfahrungen, die mir nicht mehr so spontan zugänglich sind. Entweder haben sie einen archaischen Charakter, etwa dann, wenn in diesen Geschichten in einer Weise von Haß und Liebe gesprochen wird, wie wir sie heute überhaupt nicht mehr erleben, oder von Liebe und Treue, wie wir es nicht mehr kennen und nirgendwo mehr finden. Es wird dort getötet, es wird Rache genommen, es wird blutige Herrschaft ausgeübt. Hier wird das aktiviert, was im Untergrund an aggressiven oder sexuellen Impulsen da ist. Voll Erschrecken müssen wir dann sehen, was alles in uns emporkommt. Etwa wenn in der Geschichte von den zehn Groschen von der Freude der gesamten Nachbarschaft berichtet wird. Dann sagt jemand in dieser Gruppe: »Es gibt gar keine Nachbarschaft mehr, die sich freuen könnte! Wir sitzen da in unseren abgetrennten Bungalows, aber da springt nichts über.« Oder was Heidemarie als Glanzstück ihrer Interpretation bringt: Ist die Frau nicht eigentlich, wenn der Vater des verlorenen Sohnes Gott ist, die Göttin? Hier wird die mythologische Ebene betreten.

Ich finde es zudem wichtig, mit Texten zu arbeiten, an die wir uns in unserer Gesellschaft noch erinnern können. Ich nehme gewöhnlich Geschichten, die auch in unserem sozialen und gesellschaftlichen Kontext noch etwas bedeuten. Wichtig sind auch Geschichten, die in die Umgangssprache eingegangen sind: Jedermann weiß, daß es Adam und Eva gab. Kirchlich oder nicht kirchlich – es geht um religiösen Traditionsbestand.

Welche Geschichten sind dann wichtig? Die ersten elf Kapitel von Genesis, vor allem bestimmte Vätergeschichten. Der Jakobskampf ist solch eine Geschichte, die sehr häufig dann auch behandelt wird. Mose mit den zwei Tafeln voller Moralität. Dann ein paar Psalmen. Im Neuen Testament natürlich die Weihnachtsgeschichten, Passionsgeschichten und Ostergeschichten. Ein paar Gleichnisse und ein paar Wundererzählungen, die im Gedächtnis haften. Ein solcher Kanon verändert sich freilich auch. Es sind in den letzten Jahren aufgrund religiöser Veränderungen, auch aufgrund theologischer Neueinsichten, andere Texte wichtiger geworden, zum Beispiel der Exodus, das Hohelied oder das Gleichnis von den Arbeitern im Weinberg, weil es hier um Lohnfragen geht und damit um Gerechtigkeit und Leistung. Wobei ich gleichzeitig sage: Es ist für jemand, der Bibliodrama macht, aber auch eine wichtige Aufgabe, daß er neue Texte hinzufügt, wenn er glaubt, daß das jetzt angesichts bestimmter gesellschaftlicher oder religiöser Entwicklungen angebracht ist.

Das Sinn-Bild: Das Kind

Ich möchte die drei Ebenen noch einmal am Beispiel des Sinn-Bildes Kind beschreiben. Was heißt, es zunächst auf der Ebene der persönlichen Erfahrung zu behandeln? Da würde ich dann eine Übung machen, bei der ich fragen würde: Habt ihr in der letzten Zeit irgendwo ein Kind gesehen, das euch besonders beeindruckt hat? Geht dem einmal nach. Denn dieses unbekannte Kind, das mich beeindruckt und irgend etwas in mir selbst angerührt hat, hat etwas mit meinem Kindsein zu tun. Vor kurzem saß ich in einem Café. Drei Tische weiter ein kleiner Junge im Alter von sechs Jahren, begleitet von seiner Mutter. Er schlang ein Tortenstück in sich hinein, und während er schlang, kontrollierte er mit seinen Blicken immer blitzschnell die ganze Umgebung. Und ich dachte: Das bist du wirklich mit sechs Jahren. In Bildern, in denen Kinder wichtig werden – wie in diesem Beispiel –, tauchen dann Erfahrungen auf, die etwas mit mir als Kind zu tun haben.

Man kann das dann natürlich auch weiter ausarbeiten in verschiedener Weise: Sich wie ein Kind verhalten, herumkriechen und dabei die Dimensionen von groß und klein, niedrig und hoch erfahren, man kann Babysprache sprechen – es gibt viele Möglichkeiten, die man dann anwenden kann, immer eigentlich mit dem Ziel, daß wir uns bewußt sind, daß unsere eigenen Erfahrungen als Kinder nicht verloren sind, sondern noch erlebbar in uns da sind, wenn sie auch oft verschüttet und fremd geworden sind. Und gerade, wenn wir nicht dazu stehen können, so kann es doch ein Anstoß sein, über sie von neuem nachzudenken.

Das hier Gesagte ist ja etwas Vertrautes. Dazu brauche ich nicht mehr zu sagen. Schwieriger wird es, obgleich ich es für ganz wichtig zu bedenken halte, darzustellen, daß es zwischen den biblischen Texten und meinen persönlichen Erfahrungen noch eine wichtige Zwischenebene gibt, eben die symbolisch-kulturell-politische Ebene. Es gibt in unserer Gesellschaft kollektive Bilder auch von dem Kind. Kollektive Bilder speisen sich aus dem Symbolschatz einer Gesellschaft, gewinnen aber zu bestimmten Zeiten und unter Auswahl eine ganz bestimmte Ausprägung. Sie sind historisch geformt aufgrund ökonomischer, soziologischer, philosophischer, theologischer Neuauffassungen etwa vom Kind.

Aber in solchen Bildern steckt etwas Ambivalentes: Sie enthalten sowohl negative wie positive Erfahrungen. Es besteht deshalb für den, der im Bibliodrama arbeitet, die Aufgabe, sich deutlich zu machen, welche Bilder eigentlich über das Kind in unserer Gesellschaft bestehen, positive und negative. Man braucht ja einfach nur ein Plakat von »Brot für die Welt« mit einem Kind zu versehen, dann rührt es uns irgendwie an. Es macht uns irgendwie bereiter, zu spenden und dieses Kind vor Hunger zu schützen. Wenn in der Werbung ein Kind nun sehr dringend verlangt, daß es den Rahmspinat mit einem Blubb bekommt, dann muß eine Mutter auf dieses Bild reagieren, wenn die Forderung ihres eigenen Kindes nach dem Blubb laut wird. Das sind gesellschaftliche Bilder, die in unser Alltagsleben hineingebracht werden, bestimmt von unterschiedlichen Interessen. Wenn Arbeitskräftemangel herrscht, dann tritt das Bild des Kindes zurück, dann braucht es die Mutter nicht so sehr, also kann die Mutter arbeiten gehen. Sind Arbeitskräfte reichlich vorhanden, wird das Kindbild so gestaltet, daß die berufstätige Mutter ein schlechtes Gewissen bekommt.

Diese gesellschaftlichen Bilder sind also auch immer Bilder von Herrschaft, das heißt also, hier setzen bestimmte Interessengruppen Bilder ein, und andere Gruppen setzen unter Umständen andere Bilder dagegen. Es gibt, auf dieser Ebene gesehen, keinen herrschaftsfreien Bereich solcher gesellschaftlichen Sinn-Bilder. Wie immer das Bild des Kindes gestaltet wird, es sind immer auch Herrschaftsinteressen wie auch die Interessen derer dabei, die auf Befreiung oder Erfüllung ihrer Bedürfnisse drängen.

Daß Kinder wichtig sind, das weiß natürlich auch die Kirche. Also formt sie auch mit an dem Bild des wünschenswerten, des Heil bringenden, des heilsamen Kindes. Wenn es kein Christkind gäbe und nur Väterchen Frost, dann würde uns Weihnachten eben nur halb so gut gefallen. Das Kind gehört einfach dazu.

Wir machen uns meist nicht klar, was es eigentlich mit diesem Kind auf sich hat, es übt seine Wirkung aus. Man braucht bloß zur Weihnachtszeit ein Kind mit einem Schlitten und mit einem Tannenzweig zu versehen, und schon weiß jeder, es geht um das göttliche Kind. Das Sinn-Bild ist gerade heute in unserer Gesellschaft ein sehr wichtiges Bild; es unterstützt den Fortschrittsglauben, die Hoffnung auf eine Zukunft, in der es selbst die schutzlosen Kinder besser haben als wir selber. Frühere Gesellschaften haben das Sinn-Bild »Kind« meist gar nicht in der gleichen Weise betont, wie wir das heute tun. Man konnte vielleicht besser über die Forderung nach der Opferung Isaaks hinweggehen, wenn die Kinder eh wie die Fliegen wegstarben, und der Kindermord durch Herodes war erträglich, wenn nur das Erlösungskind heil davonkam.

Diese gesellschaftlichen Bilder sitzen tief in uns drinnen. Sie werden auch immer wieder propagiert. Sie variieren sich, aber sie bestimmen in ihrer Ambivalenz unser Verhalten und können dann aktiviert werden, etwa im Bibliodrama, indem man fragt, was Kinder für den einzelnen bedeuten, wo er mit Kindern positive Erfahrungen gemacht hat, warum eigentlich Jesus sagt: »Laßt die Kindlein zu mir kommen.«

Die dritte Ebene wäre dann die, die ich die mythologische und religiöse Ebene nenne. Hier wird der biblische Text zu einem sehr fremden. Für die meisten ist schon das Kindermassaker von Bethlehem und die Opferung Isaaks ein viel zu gefährlicher Text. Aber nur scheinbar leichter geht es der Geschichte vom zwölfjährigen Jesus im Tempel, jenem Jesus, der so glänzend dasteht, weil es ihm gelingt, allen Schriftgelehrten zu beweisen, wieviel er weiß. Aber es sind auch Konflikte mit den Eltern vorhanden und die Fragen nach dem Wert und nach den Qualitäten eines Kindes. Hier erst erscheint das Unerwartete, das ganz Andere, das sehr Fremde, das an der Grundlage meines Selbst und der Gesellschaft rüttelt. Wollen wir eigentlich den Intelligenzknaben, der alle Professoren fertigmacht mit seinen Erkenntnissen und sich dann doch sehr gehorsam den Eltern unterordnet, brav wieder mit nach Hause geht und keinen großen Tumult macht? Gerade wenn diese Geschichte dann sehr genau historisch wiedergegeben wird und wir uns nicht gleich in flotte Modernisierungen hineinbegeben, wenn man gerade der Versuchung widersteht, das Verfängliche als bloß historisch Interessantes beiseite zu schieben, zeigt diese Geschichte ein sehr fremdes Gesicht.

Es ist eine sehr kreative Arbeit, das Bibliodrama so zu gestalten, daß alle drei Aspekte in irgendeiner Weise bearbeitet werden: die persönlichen Erfahrungen, die ich als Kind hatte, vielleicht mit der Möglichkeit verbunden, mein Kindsein wiederzufinden, die gesellschaftliche Ebene mit ihren Perversionen des Kindes, wo »Kind« nur noch ein Ausbeutungsobjekt ist, aber keine eigenen Rechte wirklich hat, und der mythologische Jesus in seiner ganzen Fremdheit. Die Frage wäre es dann, in einer kreativen Bearbeitung herauszufinden, was für uns heute das Sinn-Bild »Kind« bedeuten könnte, das in dieser Gesellschaft, mit uns selber leben kann, und dies eben ist, was wir Glauben nennen.

Das Sinn-Bild: Gott

Der dritte Teil meines Beitrages beschäftigt sich mit dem für unsere religiöse Kultur wichtigsten Sinn-Bild, das für die meisten Menschen in der Bundesrepublik in irgendeiner Weise eine Bedeutung hat, ich würde fast sagen: für alle in der Gesellschaft, nämlich das Sinn-Bild »Gott«. Auch wenn jemand sich als Atheist bezeichnet, muß er doch immer wieder vor sich und anderen begründen, warum er nicht an Gott glaubt. »Gott« läßt einen nicht so leicht aus den Fingern, jedenfalls nicht das Sinnbild. Nun ist dieses Sinnbild »Gott« ein Bild, das sehr wenig klare Konturen hat. Es ist Vater, Herrscher, die Tiefe, es kann auch eigentlich die Mutter heißen oder das Kind. Menschen machen mit diesem Bild positive Erfahrungen, aber es gibt auch genug Menschen, die mit ihm eine überaus negative Erfahrung verbinden. Tilman Moser hat von einer Gottesvergiftung gesprochen; das Gottesbild kann auch einen Menschen seelisch schwer schädigen. Deswegen stelle ich gerade an diesem Punkt die Frage: Wie gehen wir im Bibliodrama damit um? Denn unweigerlich stoßen wir bereits in den Texten, aber auch in den Glaubenserfahrungen der einzelnen, wenn wir genau hinhören, und in den gesellschaftlichen Vorstellungen auf Gottesbilder. Man kann es sich natürlich sehr einfach machen, wenn man allein die persönliche Erfahrung als einzige Ebene nimmt; da läßt sich meist die Gottesfrage leicht ausklammern. Jeder ist schon beschäftigt genug, mit seinen eigenen Verlusten und mit seinem eigenen Finden zurechtzukommen, so daß man die Frage auch leicht beiseite schieben kann.

Aber ist das der alleinige Sinn? Ich meine, daß jeder einzelne, der Bibliodrama macht, sich klarmachen muß, welches Gottesbild er eigentlich vertreten und welches er für so lebenswert findet, daß er es weitergeben möchte. Nicht so, daß ich jemandem etwas aufschwätze, indem ich sage: Dein Gottesbild ist falsch, dein Gottesbild bringt dich an den Rand des Abgrundes oder ähnliches. Klarer, weil es von mir handelt, ist die Beschreibung dessen, was mir wichtig oder wichtig geworden ist.

Für mich gehören zu einem Gottesbild, das mich lebensfähig und lebendig macht, mindestens vier Züge: einmal, daß dieser

Gott in Bewegung ist, daß er kein starrer Gott ist, der nur an seinen einmal beschlossenen Beschlüssen festhält. Es geht um einen Gott, den es reut, wie es im Alten Testament heißt, oder der seine Sachen noch einmal überdenkt. Jedenfalls ist es kein Gott, der alles an sich reißt, kein zentraler Gott, der nichts und niemanden neben sich duldet, der alles kontrolliert und überwacht. Es kann auch kein ehrgeiziger Gott sein, der keinen Konkurrenten neben sich duldet und immer der erste sein will, und so auch kein eifersüchtiger Gott ist.

Das zweite ist, daß der Gott, den ich im Bibliodrama vertrete, nicht mächtig ist. Ich möchte hier an die erstaunlichen Erfahrungen erinnern, die wir im Bibliodrama machen. Gott erscheint hier oft als passiv, hilflos und apathisch. Er sitzt oben im Himmel, die Dinge laufen eigentlich ohne ihn ab. Das erlebe ich auch oft, wenn Jesus gespielt wird. Die Pharisäer machen ihn herunter, und er weiß nichts mehr zu antworten, oder die Jünger reißen einfach die Macht an sich, während Jesus wie betäubt daneben sitzt. Gott hat keine Macht, und vielleicht deswegen – das ist meine Auffassung –, weil er Macht gar nicht so wichtig findet, ist er dann auch kein ohnmächtiger Gott. Ohnmächtig kann eigentlich nur jemand sein, der zwar Erfahrung von Macht gemacht hat, aber zu jemandem geworden ist, der frei und beweglich wurde, der seine innere Stärke und Stabilität gefunden hat und deshalb gerade kein abgedankter Herrscher ist. Vielleicht ist er jemand, der seine Macht verteilt an die einzelnen Menschen, und das Menschwerden heißt so etwas wie, daß Menschen bereichert und bevollmächtigt werden.

Drittens kann es kein Gott sein, der alles an sich rafft, alles kontrolliert, beobachtet, zusammenhält wie ein überforderter Manager.

Ich glaube viertens auch nicht, daß alles, was Menschen an Sehnsüchten, Bedürfnissen haben, mit einem Gottesbild abgedeckt werden kann. Ich habe mehrere Gottesbilder, die für mich persönlich lebenswichtig sind, über die ich trauern würde, wenn ich sie verlieren würde, sie nicht mehr glauben dürfte: der Baum, der Geist etwa, der in allem drinnen ist, Jesus natürlich, auch eine Art Göttin durchaus: die weise Frau;

auch einiges Unpersönliches: die Tiefe, die Energie. Und die möchte ich nicht einfach so unter dem traditionellen Begriff »Gott« fassen.

Ich möchte ja auch keine Person sein, die alles an sich reißt und alles kontrolliert, die sich nicht verändern kann, die nur von ihren Allmachtsphantasien lebt und ihrem ungeheuren Verantwortungsbewußtsein, so daß sie nicht abgeben kann, sondern die sich in den Fluß der Dinge einläßt, ohne ihre Identität aufzugeben, doch ein Teil eines Stromes zu sein. Daß ich dies nicht kann, hängt mit meiner Erziehung zusammen. Mit ihr werde ich wieder und wieder konfrontiert. Ich bin eben unter einem Bild von männlicher Potenz erzogen worden, für die Leistung und Konkurrenz etwas Wichtiges sind. Wenn mir etwas nicht gelingt, macht es mich wirklich krank. Das steckt ja nun alles in mir drinnen, und doch sind dies Züge, von denen ich selber wünsche, davon loszukommen, wie ich das meinem Gott auch wünsche.

Damit möchte ich diesen Punkt beenden und noch ansprechen, warum ich das Bibliodrama gerne oder lieber Hagiodrama nennen möchte.

Hagiodrama

Hagiodrama (= Darstellung des Heiligen) ist die gestaltete und gestalterische Vergegenwärtigung religiöser und anderer lebenswichtiger Mythen, Erzählungen, Dichtungen und Sinn-Bilder, die zu Beginn und im Verlauf religiöser und weltanschaulicher Bewegungen entstanden sind und ihren Niederschlag gefunden haben im seelischen Leben des einzelnen. In unserem Kulturkreis bezieht es sich vor allem auf Bestände (assoziativ zu: Bestand haben, beständig) aus den jüdisch-christlichen Traditionen, wobei sowohl solche anderer Religionen und neuerer religiöser Bewegungen als auch solche sozialer Bewegungen bearbeitet werden können, soweit sie unsere Lebenswelt bestimmen oder zu ihrer Entfaltung beitragen.

Ziel des Hagiodramas ist es, die in diesen Beständen gesammelten tieferen Dimensionen der symbolischen Welt erfahrbar und damit zugänglich zu machen und es mit den Erfahrungen von einzelnen und von Gruppen in eine Beziehung zu bringen.

Es geht um die Auffindung der guten Objekte, des »Beistandes«, die dem Ich und dem Wir in Konflikten einen Weg weisen, Hilfe leisten oder ein Ziel darstellen.

Religiöse Texte und Sinn-Bilder können sich in diesem Prozeß einer persönlichen oder kollektiven Annäherung von toten oder ängstigenden zu lebenden und befreienden verwandeln; sie können aber auch neu gestaltet werden, bis hin zu dem Punkte, daß ein Abschied und eine Trennung von ihnen notwendig werden. Die biblischen Schriften, die christlichen Rituale und die vielfältigen Formen der Meditation enthalten einen reichen Bestand in Gestalt von Erzählungen, Dichtungen und heiligen Formeln, die durch die erlebte Lebenspraxis und die Erziehung in uns wirksam sind. Sie stellen aber vielfach nur ein neutralisiertes Bildungsgut dar. Oder, schlimmer, sie unterliegen in Teilen dem Verschweigen, der Sprachlosigkeit und dem Vergessen, werden andernorts in emphatischer Erstarrung oder rigider Abtrennung hochgehalten oder verordnet. Wenn sie belebt werden, besteht die Gefahr eines Rückfalls in solche christlichen Glaubensformen, die treffend, wenn auch pauschal als autoritär, als patriarchalisch, als körper- und frauenfeindlich, als hirnsinnlich und unsensibel gegenüber sich selbst und der Umwelt bezeichnet werden können, wobei dann *eine* Ausformung des Gottesbildes und des Jesusbildes als allein zutreffend und nicht vergleichbar mit anderen Sinn-Bildern erklärt wird.

Religiöse und andere lebenswichtige Bestände sollen so im Hagiodrama entfaltet werden, daß sie schützen, trösten und stärken, ohne sie einzuebnen und ohne daß damit nur dem Verständlichen gegenüber dem Unverständlichen, dem Heilenden gegenüber dem Zerstörenden entscheidendes Gewicht gegeben wird. Es ist wesentliche Eigenschaft aller religiösen Symbole und Texte, daß sie ambivalent sind und einen eigenen Weg zum Zugang nicht ersparen. An die Stelle eines unverständlichen, mir selbst fremden oder beengenden Glaubens soll die *Einsicht*, an die Stelle von Zersplitterung und Widersprüchlichkeit eine schrittweise *Integration und Versöhnung* treten.

Das Hagiodrama kann als eine Weiterentwicklung des Bibliodramas (= Darstellung biblischer Texte) verstanden werden. Hagiodrama betont stärker die *religiösen Prozesse*, die durch biblische Texte ausgelöst werden können, als allein die Wiederbelebung und Vergegenwärtigung dieser Texte. Es schließt aber auch die Bearbeitung von Ritualen, Sinn-Bildern und vor allem anderer existentiell betreffender Texte und Symbole ein. Zudem wird unter Bibliodrama gegenwärtig zunehmend die therapeutische Bearbeitung literarischer Texte überhaupt verstanden; gerade deswegen erscheint es notwendig, hervorzuheben, daß es um Anleitung für spirituelle Prozesse, nicht um therapeutische Benutzung biblischer Texte geht.

Das Hagiodrama setzt eine die Alltagswelt übersteigende oder symbolische Welt voraus. Es greift auf grundlegende Einsichten der Psychoanalyse und der Tiefenpsychologie samt den aus ihnen hervorgegangenen und sie ergänzenden therapeutischen Bewegungen zurück. So arbeitet es etwa mit der Vorstellung des Unbewußten, der Übertragung, der Ambivalenz des Symbols, den Mechanismen der Abwehr beziehungsweise Bewältigung, der engen Verbindung von seelischen Prozessen und körperlicher Befindlichkeit. Man kann es aber nur in einem erweiterten Sinn als Teil *therapeutischer Kultur* bezeichnen. Erneuernder und kreativer Umgang mit Sinn-Bildern soll zur Selbstentfaltung, Veränderung innerer Einstellung, Bewältigung von Krisensituationen und einem freieren und solidarischen Umgang mit sich selbst, mit anderen und mit Institutionen führen. Darüber kann es dann auch Rückwirkungen haben auf neurotisches Verhalten, körperliche Blockaden und psychosomatische Erkrankung, aber darin liegt nicht die primäre Zielsetzung.

Das Hagiodrama geht insofern über einen individuellen Ansatz hinaus, als es voraussetzt, daß die kollektive symbolische Welt auf analoge Weise bearbeitbar ist wie die innere Welt des einzelnen, wobei besonderes Gewicht auf die Analyse gelegt werden muß, wie religiöse und gesellschaftliche Herrschaft Symbole einsetzt und einseitig interpretiert.

Die Techniken sind der Meditation, der Gestalttherapie, dem Psychodrama und der Körperarbeit entnommen, soweit sie dazu beitragen, religiösen Vorgängen Gestalt zu geben und sie ins Bild zu setzen. Dabei sollte besonders auf eine kreative Bewältigung des Gruppenprozesses geachtet werden, auf die

Förderung der Transformierung, auf die Wandlung von bedrohenden und einengenden in befreiende und versöhnende Sinn-Bilder. Dies erfordert ein Neuschreiben und Neugestalten der Traditionen und die Entwicklung gemeinsamer Rituale. So erlaubt es zum Beispiel die literarische Form des Psalms, bestimmte Wendungen und Worte zu verändern, ganz zu streichen oder neue hinzuzufügen. Bei der Geschichte vom verlorenen Sohn können die Rollen der drei beteiligten Personen verändert, neue Personen (wie die Mutter) hinzugefügt und Verlauf und Ausgang der Erzählung neu gestaltet werden. Die Auswahl der zu bearbeitenden Bestände soll sich an solchen Texten und Sinn-Bildern orientieren, die von einzelnen oder der Gruppe als relevant und der Aufklärung besonders bedürftig angesehen werden oder wo besondere Konflikte zwischen der herrschenden Interpretation und den religiösen Erfahrungen von Gruppen und einzelnen bestehen. Geht es um die Bearbeitung eines bestimmten historischen Textes oder einer herrschenden Deutung, also einer Bearbeitung auf der ersten und zweiten Ebene, ist eher eine Textvorgabe sinnvoll als dort, wo – auf der dritten Ebene – religiöse Erfahrung das für sie relevante Sinn-Bild und die sie betreffenden Texte erst suchen und finden muß. Ungeachtet der Wichtigkeit der Vater- und Mutterimagines, wie sie sich in den frühkindlichen Interaktionen und Phantasien entfalten, wird ihnen nicht eine so ausschließliche Bedeutung beigemessen, wie dies vielfach in der Psychoanalyse geschieht. Der Reduktion auf wenige Symbole und der damit verbundenen Enthistorisierung und Privatisierung, zu denen die Tiefenpsychologie allzu leicht tendiert, ist zugunsten der Vielzahl der möglichen lebenswichtigen Bilder zu widersprechen. Und so bedeutsam die Bilder des Selbst für die Entfaltung des einzelnen sind, so geht es im Hagiodrama ebensosehr um die Bearbeitung von kollektiven Mythen und herrschenden Leitbildern, die Herrschaft zu legitimieren versuchen. Diese können nur kollektiv transformiert werden, wenn Befreiung, Solidarität und Gleichheit gestalterisch erfahren werden sollen.

Die theoretischen Grundlagen des hier entwickelten Hagiodramas finden sich in den drei Bänden von »Glaube wie er leibt und lebt« (1984).

Anmerkungen

Einleitung

1 ERICH AUERBACH: Mimesis. Dargestellte Wirklichkeit in der abendländischen Literatur. Bern und München 1977⁶, S. 149
2 ERICH AUERBACH: S. 151
3 EUGEN DREWERMANN: Tiefenpsychologie und Exegese, Band 2, Olten 1985, S. 769
4 EUGEN DREWERMANN, S. 770
5 HARTMUT JETTER, Symbol und Ritual, Göttingen 1976, S. 121
6 MATTHIAS KROEGER, Blick und Geste, in: WPKG (Pastoraltheologie) 1974, 63. Jg., S. 215–230

Bibliodrama – ein Modell wird vorgestellt

Weiterführende Literaturhinweise

Biblische Erfahrung im Spiel. Themenheft Wissenschaft und Praxis in Kirche und Gesellschaft 68, 1979, 133–188 (Heft 4) (darin bes. GERHARD MARCEL MARTIN, »Bibliodrama« als Spiel. Exegese und Seelsorge – FRITZ ROHRER, Ausschnittsberichte aus einem Bibliodrama – REINHARD HÜBNER, Geschichtentheater – ELSE NATALIE WARNS, Spielen mit Religionslehrern)

REINHARD HÜBNER/ELLEN KUBITZA/FRITZ ROHRER, Biblische Geschichten erleben. Spielversuche zu biblischen Texten, 187 S. Gelnhausen/Berlin/Stein/Freiburg i. Br. 1980²; 1985⁴

GERBURG CRONE/FRANZ-JOSEF KNIST/HERBERT POENSGEN, »Bibliodrama«. Bericht über ein Gruppenspiel – und:

GERT HARTMANN, Zur Methode, Intention und theologischen Implikationen – beides in: PETER DÜSTERFELD (Hrsg.), Neue Wege der Verkündigung, 160 S., Düsseldorf 1983, 149–159

ELSE NATALIE WARNS, Zur fächerspezifischen Spielauswahl und -verwendung am Beispiel des (evangelischen) Religionsunterrichts, in: KARL JOSEF KREUZER (Hrsg.), Handbuch der Spielpädagogik II, 359–375, Düsseldorf 1983

ELSE NATALIE WARNS, Bibliodrama – Spielprozesse zu biblischen Texten, in: Der Evangelische Erzieher 35, 1983, 286–299

REINHARD HÜBNER/ELLEN KUBITZA/FRITZ ROHRER, Spielräume für Gruppen. Eine Praxis der Spiel- und Theaterpädagogik I, 211 S. München 1985

GERHARD MARCEL MARTIN, Das Bibliodrama und sein Text, in: Evangelische Theologie 45, 1985, 515–526

GERHARD MARCEL MARTIN, Art.: Bibliodrama, in: Evangelisches Kirchenlexikon. Internationale theologische Enzyklopädie, I³, Sp. 487f. (1985)

GERHARD MARCEL MARTIN, Mehrdimensionaler Umgang mit der Bibel in Handlungsfeldern der Praktischen Theologie, in: Verkündigung und Forschung 31, 1986, Heft 2, 34–46

Die »großen Augenblicke«

1 K. GRAF DÜRCKHEIM, Vom doppelten Ursprung des Menschen, Freiburg 1973, S. 11ff.
2 R. OTTO, Das Heilige, München 1979
3 K. DÜRCKHEIM, Von der Erfahrung der Transzendenz, Freiburg 1984, S. 20, 21
4 K. DÜRCKHEIM, wie 3, S. 22, 24
5 P. TILLICH, Gesammelte Werke, Bd. 4, Stuttgart 1971, S. 311
6 M. ELIADE, Das Heilige und das Profane, Frankfurt 1984, S. 15
7 F. M. DOSTOJEWSKI, Die Brüder Karamasoff, Frankfurt 1971, Bd. 1, S. 370
8 R. OTTO, wie 2, S. 7
9 C. G. JUNG, Psychologie und Religion, Studienausgabe, Olten 1984, S. 127
10 C. G. JUNG, wie 8, S. 47
11 R. OTTO, wie 2
12 M. L. V. FRANZ, Zeit, Frankfurt 1981, S. 5, 6, 25
13 H. BÜTTNER, Meister Eckehart, Schriften, Jena 1934, S. 37, 38, 41
14 vgl. E. DREWERMANN, Tiefenpsychologie und Exegese, Bd. 2, S. 620–624
15 P. TILLICH, wie 5, S. 312
16 E. NEUMANN, Die große Mutter, Olten 1985, vgl. S. 32, 87, 148

Weitere verwendete Literatur

M. BUBER, Das dialogische Prinzip, Heidelberg 1979
M. ELIADE, Die Religionen und das Heilige, Frankfurt 1986
M.-L. V. FRANZ, Spiegelungen der Seele, Stuttgart 1978
C. G. JUNG, Aion, Olten 1985
E. NEUMANN, Kulturentwicklung und Religion, Frankfurt 1978

P. TILLICH, Das Ewige im Jetzt, Stuttgart 1980
Bibel Lexikon, Zürich 1982
Lexikon Symbole, Freiburg 1978

Bibliodrama und Exegese

1 Im Anschluß an G. M. MARTIN, ›Bibliodrama‹ als Spiel, Exegese und Seelsorge, in: WPKG 68, 1979, S. 135–144, und ders., Das Bibliodrama und sein Text, in: EvTh 45, 1985, S. 515–526.
2 MARTIN, EvTh 45, 1985, S. 515.
3 An alte Wege »praktischer Exegese« erinnert H. SCHROER in seinem Aufsatz: Bibelauslegung durch Bibelgebrauch, in: EvTh 45, 1985, S. 500–515, bes. S. 500–507.
4 Abgedruckt in: ders., Geist und Ungeist christlicher Traditionen, 1971, S. 21–43.
5 »Einen Roman im Roman bildet in drei Kapiteln eine von der biblischen Vorlage abweichende Passionsgeschichte, die mit der Ermordung des Judas durch die Häscher des Pilatus endet.« Vgl. dtv-Ausgabe 1978, S. 1.
6 Mehr dazu bei W. J. HOLLENWEGER, Eine andere Exegese, in: VF 26/2, 1981, S. 5–24.
7 Vgl. dazu H. BREIT, Alttestamentliche Gestalten in modernen Romanen und Erzählungen, in: VF 23, 1978, S. 4–21.
8 Vgl. einerseits W. WINK, John the Baptist in the Gospel Tradition, 1967, andererseits ders., Bibelauslegung als Interaktion, 1976; ders., Bibelarbeit – ein Praxisbuch für Theologen und Laien, 1982.
9 Vgl. als ein Beispiel unter vielen G. MAIER, Das Ende der historisch-kritischen Methode, 1974.
10 P. STUHLMACHER, Thesen zur Methodologie gegenwärtiger Exegese, in: ZNW 63, 1972, S. 18–26, Zitat S. 19.
11 So F. HAHN, Probleme historischer Kritik, in: ZNW 63, 1972, S. 1–17.
12 K. LEHMANN, Der hermeneutische Horizont der historisch-kritischen Exegese, in: Einführung in die Methoden der biblischen Exegese, hg. v. J. SCHREINER, 1971, S. 40–80, Zitat S. 63 f.
13 P. STUHLMACHER, Kritische Marginalien zum gegenwärtigen Stand der Frage nach Jesus, in: Fides et Communicatio. FS für Martin Doerne, 1970, S. 341–361, bes. S. 360 f.; ders., Neues Testament und Hermeneutik, in: ZThK 68, 1971, S. 121–161, bes. S. 148 f.
14 STUHLMACHER, in: ZThK 68, 1971, S. 148 und 159.
15 Als schönes Beispiel einer dialogischen Exegese nenne ich den 1. Teilband von U. LUZ, Das Evangelium nach Matthäus (EKK Bd. 1), 1985; vgl. bes. S. 78 ff. zur »Absicht dieses Kommentars« und ebd. S. 416 bis 420.

16 Dazu mit weiterer Literatur U. WILCKENS, Der Brief an die Römer (EKK VI/3) Röm 12–16, 1982, S. 135f.
17 Vgl. dazu nur die vorbildliche Studie von G. FITZER, Das Weib schweige in der Gemeinde (Theologische Existenz heute 110), 1963.
18 Deswegen ist R. BULTMANNS Unterscheidung von Heilungs- und Naturwundern (vgl. ders., Die Geschichte der synoptischen Tradition, 5. Aufl. 1961, S. 221 ff.) wenig sachgemäß; dem Selbstverständnis der Geschichten und ihrer Erzähler angemessen ist dagegen die aus der Perspektive dessen, dem ein Wunder widerfährt, gewonnene Klassifizierung der Wunderüberlieferung bei G. THEISSEN, Urchristliche Wundergeschichten, 1974; Theißen unterscheidet: Exorzismen; Therapien; Epiphanien; Rettungswunder; Geschenkwunder und Normenwunder.
19 Vgl. dazu I. BALDERMANN, Die Bibel – Buch des Lernens, 1980, S. 119 ff.
20 Freie Assoziation läßt uns – sagt C. G. Jung gegen S. Freud – immer bei unseren Komplexen landen; gefordert ist in der Traumdeutung wie bei der Exegese – wie beim Bibliodrama! – die sorgfältige Beachtung des Kontextes, innen und außen; wir sollen den Text umkreisen, jede seiner Aussagen genau befragen und immer damit rechnen, daß etwas gänzlich Unerwartetes sich einstellt; vgl. dazu den Abschnitt »Die Träume«, in: Die Psychologie des XX. Jhdts., Bd. III, 1977, S. 754–761.
21 G. THEISSEN, Lokal- und Sozialkolorit in der Geschichte von der syrophönikischen Frau (Markus 7,24–30), in: ZNW 75, 1984, S. 202–225; vgl. auch ders., Lokalkoloritforschung in den Evangelien, in: EvTh 45, 1985, S. 481–499, bes. S. 495–497; ders., Studien zur Soziologie des Urchristentums, 2. Aufl. 1983.
22 THEISSEN, in: ZNW 75, 1984, S. 202.
23 THEISSEN, ebenda, S. 216f.
24 Vgl. MARTIN, in: WPKG 68, 1979, S. 137f.
25 Mehr dazu bei H. BARTH/T. SCHRAMM, Selbsterfahrung mit der Bibel. Ein Schlüssel zum Lesen und Verstehen, 2., neubearbeitete Aufl. 1983, S. 11ff.; S. 25ff.
26 Zitiert bei G. HOMMEL, Der siebenarmige Leuchter. Erster Blick aufs Judentum für Christen, 1976, S. 98.
27 Vgl. dazu u. a. H.-J. KLAUCK, Allegorie und Allegorese in synoptischen Gleichnistexten, 1978, u. a. § 16 zu Philo von Alexandrien, der von den Literalisten mit Hochachtung spricht, sie aber dafür gewinnen möchte, »die notwendige und berechtigte wörtliche Exegese zu überschreiten auf die allegorische Auslegung hin, die der Text doch selbst nahelegt« (ebd. S. 97).
28 R. BULTMANN, Die Geschichte der synoptischen Tradition, 5. Aufl. 1961, S. 12f.

Wolfgang Teichert
Gärten
Paradiesische Kulturen
In der Buchreihe »Symbole«
159 Seiten mit vier Farbtafeln, kartoniert

So alt wie die Gärten der Wirklichkeit sind auch die symbolischen. Die Mythen des Orients, der Griechen und Römer erzählen von ursprünglichen und künftigen Paradiesen, und die Bibel verlegt entscheidende Ereignisse in einen Garten: in den Garten Eden, in den von Getsemani und den der Auferstehung.

Der Garten, ursprünglich das Reich einer Göttin, ist immer auch Symbol für Leben, Sterben, Wandlung und Auferstehung. Gerade so ist er auch Ort der Liebe wie im Hohenlied, Symbol für Maria und schließlich für die Liebeskunst. Der Autor durchwandert die verschiedenen symbolischen Gärten, zum Beispiel den der Theresa von Avila und die der Philosophen und Dichter. Von Anfang an ist der Garten ein Symbol für Kultur, für den Ausschnitt aus der Wildnis, in welchem der Mensch Natur und Seele zu einem neuen Ganzen werden läßt. Davon zeugen auch die Gartengedichte moderner Dichter und die Vision eines ökologischen Gleichgewichts zwischen Mensch und Natur, für das der Garten sich als Symbol eignet, sind in ihm doch die Pflege des Menschen und die natürliche Fruchtbarkeit zu einer ästhetischen Einheit verbunden.

Kreuz Verlag

H. Langer / H. Leistner /
E. Moltmann-Wendel

Mit Mirjam durch das Schilfmeer

Frauen bewegen die Kirche
92 Seiten, kartoniert

Wie drei Frauen die biblische Geschichte vom Auszug des Volkes Israel aus der ägyptischen Sklaverei für sich entdecken und nacherleben und wie aus diesem Prozeß eine ungewöhnliche Bibelarbeit für das erste Frauen-Forum auf dem Deutschen Evangelischen Kirchentag in Hamburg 1981 entstand, ist Inhalt dieses Bandes, der die Bibelarbeit im originalen Wortlaut enthält und auch den Schlußdialog vom Frauen-Forum.

H. Langer / H. Leistner / A. Schönherr /
E. Moltmann-Wendel

Wir Frauen in Ninive

Gespräche mit Jona
128 Seiten, kartoniert

Die Bibelarbeit über das Buch Jona, die beim Frauen-Forum auf dem Deutschen Evangelischen Kirchentag in Hannover 1983 gehalten wurde, steht im Mittelpunkt. Die Prozesse, die sich im Zusammenhang damit unter den vier Frauen und in ihnen abspielten, sind Thema der ergänzenden Kapitel, in denen es um Gewalt und Liebe, um Buße und die Friedensbewegung geht.

Kreuz Verlag